2021 年度云南省研究生优质课程建设项目（云学位〔2021〕16 号）

AN INTRODUCTION TO CULTURAL LINGUISTICS

文化语言学概论

李　强 ◎主编

赵俊海　张　彪　罗德荣　董　妍 ◎编著

北京语言大学出版社
BEIJING LANGUAGE AND CULTURE UNIVERSITY PRESS

图书在版编目（CIP）数据

文化语言学概论 / 李强主编 . -- 北京 : 北京语言大学出版社 , 2025. 6. -- ISBN 978-7-5619-6773-7

Ⅰ. H0-05

中国国家版本馆 CIP 数据核字第 20252AA775 号

文化语言学概论

WENHUA YUYANXUE GAILUN

责任编辑：周 鹂 徐 梦　　责任印制：周 燚

排版制作：闫海涛　　封面设计：春天书装

出版发行：北京语言大学出版社

社　　址：北京市海淀区学院路 15 号，100083

网　　址：www.blcup.com

电子信箱：service@blcup.com

电　　话：编 辑 部　8610-82303670

国内发行　8610-82303650/3591/3648

海外发行　8610-82303365/3080/3668

北语书店　8610-82303653

网购咨询　8610-82303908

印　　刷：北京富资园科技发展有限公司

版　　次：2025 年 6 月第 1 版　　印　　次：2025 年 6 月第 1 次印刷

开　　本：710 毫米 × 1000 毫米　1/16　　印　　张：15.75

字　　数：238 千字

定　　价：68.00 元

序

作为中国文化语言学的研究者和教材编写者，读到李强教授主编的《文化语言学概论》，我非常高兴，相信它能在新时期为文化语言学的理论建设以及高校的知识传播和人才培养做出贡献。通读全书后觉得它有以下几个特点：

一、充分占有文献资料，对20世纪80年代兴起的中国文化语言学的研究成果和研究方法做了全面梳理、补充，整体上比较客观、全面地反映了中国文化语言学的面貌、创见与发展历程。

二、教材在论述语言文化现象时，结合汉语丰富的词汇和词义变化特点，从语音、句法和词汇的文化功能视角，对语言与文化的关系及其话语方式进行了深入的分析和阐释。同时根据高校研究生教育的实际以及外国语言文学专业研究生培养的需要，在教学内容上做了有针对性的取舍和更新，体现了高校教材的学术性与适用性，满足了高校人才培养的需要。

三、作为一部满足高校文化语言学课程教学需要的概论性教材，该书对文化语言学的基本观点、基本理论做了准确清晰的论述。全书共五章，章节安排合理，中心突出，围绕“历史源流”“语音”“词汇”“句法”“方法论”五个方面进行论述，主干清晰，结构完整，叙述清楚。书中举例少而精，没有一般论著或专论性教材那样过多过细的论述，重在对语言文化现象的描写而非对历史动因与变化的溯源。全书既有针对单一语言的语言文化描写，也有对两种或两种以上语言的对比分析；既有语言本体的文化内涵描写，也有语言应用中的文化特点分析。论述要言不烦，以便留下足够的空间供教师在授课中发挥，也让学生有了更大的联想空间与拓展可能。

相信李强教授主编的《文化语言学概论》将对文化语言学的理论建设及高校人才培养做出新的贡献，定会受到学术界和高校教学界的欢迎。

厦门大学中文系

苏新春

（苏新春）

2023 年 5 月于福建省厦门市

前 言

当人类社会迈入 21 世纪之时，文化语言学在中国也悄然进入了人们的视野。从字面上理解，文化语言学是指从文化学的理论方法视角去观察和分析语言现象，然而事实并非如此简单。我们先要从字面逻辑上去解读这一概念的意义，然后还要探寻蕴含在字面背后深层的文化内涵。换句话说，“文化”一词有广义和狭义之分，“语言学”一词同样有宏观和微观之别，我们需要在接触到这个概念的第一时间搞清楚它究竟是什么样的概念组合方式。这样，我们就不会简单地认为文化语言学就是文化学加语言学，就不会那么简单地、公式化地去认知和理解这个术语。

我国著名外语教育家胡文仲教授在其《跨文化交际学概论》一书中说：“任何的文化内容都是通过其特定的语言形式表现出来的。”（胡文仲，1999：59）文化语言学就是要揭示并阐释语言与文化之间的关系。“文化”作为限定词，其功能侧重于狭义上的概念意义范畴，它可以是任何民族或族群的文化；“语言”或“语言学”作为中心词，则是广义上的意义概念，它可以是宏观的语言本体，也可以指微观层面，是任何一种语言的自然属性。

本世纪初，虽然国内有部分高校的人文学科专业开设了语言人文类的相关课程，包括文化人类学、语言人类学或人类语言学等，并相继出版了一些与人类语言学相关的教材，但有关文化语言学的专门教材并不多见。2006年，厦门大学苏新春教授编写的《文化语言学教程》一书正式出版，为当代文化语言学研究和语言教育教学提供了新的借鉴和参考。该书内容丰富，语料翔实，信息量大，知识结构体系化，为文化语言学学科的建设和发展以及相关学术研究开辟了道路，犹如一盏指路明灯。

正是受苏新春教授《文化语言学教程》一书编写思想的启发，同时考虑到我国西部省区高层次人才培养的实际需要和高校外语教育学科建设发展的现实需求，并结合西部多民族地区多语言、多文化的现实背景，我们萌生了编写一本符合区域文化实际、突出本地区文化特色的教学用书的想法。基于多年教学实践的经验，在本书编写过程中，我们力求做到知识结构简明、核心观点鲜明、逻辑推理严密、语言表达通俗，尽可能为读者留出更自由的批判和拓展的空间，实现启发心智的目标，力求从新知到发展、从发展到完善、从完善走向超越。

本书的编撰工作以云南省研究生优质课程建设项目为支撑，由云南民族大学外国语学院中青年专职教师语言学学科团队负责实施。本书第一章和全书统稿由李强博士负责，罗德荣博士撰写第二章，张彪博士撰写第三章，董妍博士撰写第四章，赵俊海博士撰写第五章。本书的内容架构、知识层级及体例设计适合普通高校语言类专业的本科生和硕士研究生作为通识性教材或教辅材料使用。

编 者

2022 年 10 月于春城昆明

目 录

第一章　文化语言学的历史源流

一个多世纪以来，学界一直在讨论语言学的学科属性问题，不少专家学者在这一领域开展了大量学术研究，取得了许多可喜的成果。研究发现，语言学是一门文理兼容的学科。换句话说，语言学学科既有自然科学的属性，也有社会科学的属性。语言的自然属性涉及语言的本体，包括语音、语法、词汇、语义、语用等，比如，语音是语言的物质外壳；而语言的社会属性则涉及语言的人文文化内涵，包括社会、环境、心理、区域等，比如，人们会关注某一地域不同人群的语言生活现状。因此，人们习惯把语言的自然属性划归在普通语言学研究的范畴内，而把语言的社会属性划归在应用语言学研究的范畴内。如何正确认识文化语言学的本质是我们学习文化语言学学科知识的关键。

第一节　文化语言学的学科内涵

语言是其使用族群实现社会认同的重要依据，是珍贵的文化资产，是不同社会之间进行沟通交流的重要媒介，是不容轻视的经济要素；语言是实现人文交流的重要工具和前提条件，是文化的重要载体；语言更是维护国家统一、凝聚社会力量及提升社会发展水平的重要条件。

全世界有200多个国家和地区，2024年全球人口已超过80亿，使用着近6000种语言（已查明的有5651种）。人类语言学家把这6000种语言划分为九大语系（language family）（即汉藏语系、印欧语系、乌拉尔语系、阿尔泰语系、闪含语系、高加索语系、达罗毗荼语系、南岛语系和南亚语系）、几十个语族（language group）（如藏缅、壮侗、日耳曼、斯拉夫等语族）、上百个语支（language branch）（每个语支又含有若干种数量不等的语言）。在语言形态上可分为四大类：屈折语（inflected），如英语；孤立语（isolated），如汉语；黏着语（agglutinated），如日语；综合语（synthetic），如因纽特语等。

语言不仅是交流的工具，而且也是人类文化和价值观的载体，是人类社会群体和个体身份的决定性因素。人类的历史基本上就是多种语言相互接触的历史。可见，虽然语言本身不同，但由于接触密切，语言之间往往会产生互感现象。因为世界上没有任何一种语言在其发展演变过程中不跟其他语言发生接触，所以操不同语言的不同民族都会与民族内部的群体或其他民族群体发生接触和交往，这种关系在一定意义上就是民族关系。戴庆厦教授指出："民族关系的状况决定着语言关系的发展方向和特点，民族关系的发展变化往往制约着语言关系的发展变化。"（戴庆厦，1992：2）实际上，在语言接触过程中会出现两种情形或结果：一是生态和谐发展，二是被取代或濒危。语言的生态和谐发展需要人为机制的构建，而语言的被取代或濒危则是不同语言接触和博弈的规律和结果。语言的存亡关系到一个族群社会文化的存亡和多样性生物种群的延续，甚至关系到整个社会的稳定和谐以及人类社会的文明进步与发展。

从广义上讲，文化是指人类在社会历史发展进程中所积累和创造的物质财富和精神财富的总和，包括人类对自然认知的一切知识、劳动经验、历史传统、信仰、习俗、生产秩序、生活方式、行为习惯等等。在微观上，我们会给一切社会活动打上深深的文化烙印。比如，把企业的价值取向和行为规则系统称为“企业文化”，把学校里的教学活动和学生的作息生活方式称为“校园文化”，把某一地域人们居住之所的建筑风格和起居方式称为“民居文化”，把不同的饮食习惯称为“饮食文化”，把不同的着装打扮和穿着艺术设计称为“服饰文化”，把不同的制茶工艺和品茗礼仪称为“茶文化”，把酿酒工艺和品酒方式称为“酒文化”，把不同族群的节日庆典和婚丧习俗统称为“民俗文化”……可见，自从有了人类，文化也就随之出现。文化无处不在，无时不有。只不过人类要认知和理解文化概念，要实现族群之间的文化交流，都得依靠感官认识上所积累的经验形成的由声音和符号合成的意象——语言——来实现。

从人类社会的发展历史看，在漫长的生物进化过程中出现了人类，人类又演化成不同的民族，有了民族就产生了各自的语言。语言的起源、形成和发展无不依附于使用语言的族群，任何族群都是以一定的社会形态存在的，所以基本没有离开社会而真实存在的语言。社会与文化形态犹如语言存在的水分和土壤。由此不难推断：语言是文化的载体，也是文化的表现形式；文化是语言的基础，也是语言的真实内涵。

综上，我们可以把文化语言学定义为“一门关于语言本体与民族文化关系的交叉性和阐释性的学科”，简言之，文化语言学是一门研究语言与文化相互关系的学科。

第二节　文化语言学的兴起

文化语言学是 20 世纪初在西方语言学界开始出现的一门新的语言学分支学科，它是从人类语言学（Anthropological Linguistics）衍生出来的新学科。人类学是研究人类文化与社会文化的学科，与文化学、社会学在学科属性上关系密切。在学缘关系上，文化语言学在学科属性上是语言本体学科，主要涉及所研究语言的语音、语法、词汇、语义、语用等语言具象层面下深层的文化结构。因此，文化语言学与认知语言学、结构语言学、社会语言学、人类语言学等人文学科有着千丝万缕的联系。追溯文化语言学学科的起源和兴起，还得从西方语言学派的几位代表性人物说起。

首先是德国人类语言学家威廉·冯·洪堡特（Wilhelm von Humboldt，1767—1835）。洪堡特出生于德国波茨坦，是柏林洪堡大学的创始人之一，也是著名的教育改革者、语言学者和外交官。洪堡特一生研究过多种语言，包括巴斯克语、爪哇语、汉语等。他是最早提出“语言左右思想”学说的学者之一。洪堡特学识渊博，兴趣广泛，曾在美学、民族学、古典文化等领域进行过深入的探索，但他一生的主要兴趣还是集中于语言的研究，并且取得了巨大的成就，被公认为理论语言学和 19 世纪整个语言哲学系统的创始人。与瑞士语言学家、现代语言学之父索绪尔（Ferdinand de Saussure，1857—1913）“就语言而研究语言”的学说不同，洪堡特非常强调语言与民族精神的联系，甚至提出了“语言仿佛是民族精神的外在表现；民族的语言即民族的精神，民族的精神即民族的语言”的论断。他强调语言的创造性，即人们能用少量的规则说出无穷无尽的话语来；强调“每一种语言里都包含着一种独特的世界观”。这些理论直到 21 世纪仍有很大影响。洪堡特（2020）的《论语言》一书汇集了他数十年来关于语言问题的思考，该书前半部分阐述人类各种语言在结构上的差异，特别是词的差异，后半部分主要讨论这些差异对人类精神产生的影响。书中详述了洪堡特语言研究的历程，他首先考察了马来民族诸语言的结构，然后比较了印欧语言与非印欧语言在结构上的差异。他并没有孤立地研究语言，而是从地理环境、文化背景、历史渊源等视角来研究语言。

其次是美国语言学家、人类学家、美国艺术和科学院院士爱德华·萨丕尔（Edward Sapir，1884—1939）。他出生于德国劳恩堡（今波兰勒博尔克），5 岁时移居美国，1931 年担任耶鲁大学刚成立的人类学系主任，还担任过美国语言学会会长和美国人类学会会长。他提出："人并非仅仅生活在客观世界中，也并非仅仅生活在社会活动的领域中，人在很大程度上受到充当他们社会表意媒介的特定语言的制约……'现实世界'在很大程度上是不知不觉地建立在该社会的语言规范的基础之上的。"他坚持认为语言是一种习得性技能。学习这一技能的效果取决于你付出的创造性努力，就像不同民族演变出了不同的宗教、信仰、习俗和艺术，虽然有时候我们意识不到语言习得的差异，但规律都是一样的。萨丕尔的学生本杰明·李·沃尔夫（Benjamin Lee Whorf，1897—1941）于20世纪20年代开始利用业余时间进行语言学研究，并因1932—1935年间对霍皮语的深入研究而闻名于世。

萨丕尔和沃尔夫共同创立了"语言相对论"（Linguistic Relativity），也称"萨丕尔-沃尔夫假说"（Sapir-Whorf Hypothesis）。这一学说认为，人类的思考模式受到其所用语言的影响，因而面对同一事物时可能会有不同的看法。语言相对论强调语言结构会影响讲该语言的民族对客观世界的认知，也就是说，不同语言的使用者会因语言的差异而产生思考方式、行为方式的不同，通过研究语言结构，可以研究人的思维。语言相对论最初主要是对词汇范畴进行研究，尤其是对颜色词进行研究。随着时间的推移，学者们的兴趣转至语法层面，开始研究名词的性、形式的语法标记、虚拟语气以及从思维和语言到表达的一系列问题。"萨丕尔-沃尔夫假说"可以分为强假说和弱假说两类，即语言决定论和语言相对论，前者认为语言决定思维、信念、态度等，后者认为语言反映思维、信念、态度等。这一关于语言与思维关系的假说涉及语言学、心理学、认知科学、社会学、语言哲学等多个领域，引起了众多学者的兴趣；同时，这一假说也引发了激烈且广泛的争论。

文化语言学界的第三位重要代表人物是英国社会人类学家、功能学派创始人之一的马林诺夫斯基（Bronislaw Malinowski，1884—1942，又译"马林诺斯基"）。马林诺夫斯基认为，作为科学的人类学，其所依据的民族志材料应该根据具体的证据书写。他提出了参与观察法的研究方式，即让自己真正参与部落之间的活动，并适当地与自身的文化（特别是当地的传教士和殖民官员）保持距离，使自身真正观察到土著生活中琐碎却关键的习俗与规范。此外，他认为许多实际的规范仍难以找到真正的答案，因此土著的传说、口语中的词汇及自身的观点也应该是民族志记录的对象。最终完成的民族志应该呈现当地土著的想法与世界观，让读者理解不同文化（自身与当地）之间的差异，进而认识自身的本性。马林诺夫斯基认为，文化是造成人与人之间、种族与种族之间差异的重要原因。文化包括以下四个方面：物质、精神、语言和社会组织。作为功能派的代表人物，马林诺夫斯基强调文化的功能作用。在《科学的文化理论》一书中，他指出："文化是包括一套工具及一套风俗——人体的或心灵的习惯，它们都是直接地或间接地满足人类的需要。一切文化要素，若是我们的看法是对的，一定都是在活动着，发生作用，而且是有效的。文化要素的动态性质指示了人类学的重要工作就在研究文化的功能。"（马林诺斯基，1999）围绕文化的功能作用，马林诺夫斯基谈到了社会制度、风俗、家庭生活、巫术、宗教、艺术、娱乐与游戏等诸多方面。在"文化的功能分析"一章中，马林诺夫斯基讨论了文化是如何推动人类社会发展的。他指出，"人类基本的衍生的需要，是为有机体的作用和影响生理历程的文化所造成"，而"文化深深地改变人类的先天赋予"，因此，"文化即在满足人类的需要当中，创造了新的需要，这恐怕就是文化最大的创造力与人类进步的关键"。马林诺夫斯基总结说："文化原是自成一格的一种现象。文化历程以及文化要素之间的关系，是遵守着功能关系的定律的。……世间并没有自然人，因为人性的由来就是在于接受文化的模塑。各个文化间的差异性虽然很大，但是其中也有很多相同之点。"

文化语言学在我国的兴起和发展相对西方国家要晚一些。1950 年，我国著名语言学家罗常培先生（1899—1958）撰写的理论专著《语言与文化》一书由北京大学出版部出版，1989 年由语文出版社重印。该书记录了罗先生 20 世纪三四十年代的重要研究成果，是国内最早探索语言与文化关系的论著，被学界认为是中国文化语言学领域的开山之作。全书共八章，包括从语词的语源和变迁看过去文化的遗迹、从造词心理看民族的文化程度、从借字看文化的接触、从地名看民族迁徙的踪迹、从姓氏和别号看民族来源和宗教信仰、从亲属称谓看婚姻制度等内容。

第三节　文化语言学的发展

从 19 世纪开始，西方近现代语言学主要集中在结构语言学和历史比较语言学两大学科领域多层次、多方面的研究上，因此这两大学科成为当时学术研究的主流学科。直到 20 世纪初，受德国人类语言学家洪堡特“语言是一个民族的世界观”这一学术思想的影响，西方学界才开始注意从语言学的维度探讨语言的人文性。美国语言学家萨丕尔的学生沃尔夫认为：“现实世界中的人们观察宇宙时，对于客观物质世界的外部具象并不能得到相同的材料，除非他们的语言背景相似或能用某种方法加以论证。”同样，马林诺夫斯基的学生、伦敦语言学派的代表人物弗斯（John Rupert Firth，1890—1960）在继承马林诺夫斯基理论观点的基础上，提出了“语言不仅是一个社会过程，也不仅仅是一套约定俗成的符号和信号系统，而且还是人类社会生活的一种方式”的观点。可见，西方文化语言学学科的发展是从早期语言本体研究走向学科交叉研究、从语言的静态研究走向动态研究的历时性发展过程。

20 世纪末，美国现代文化语言学学者帕尔默（Gary B. Palmer）于 1996 年出版了他的力作《文化语言学理论建构》（*Toward a Theory of Cultural Linguistics*），1999 年该书第 2 版由美国奥斯汀得克萨斯大学出版社出版。此书的出版标志着西方文化语言学的理论与实践研究进入了一个划时代的系统化时期。书中主要介绍了人类语言学三大传统派别的学术理论体系：博厄斯派语言学（Boasian Linguistics）、民族语义学（也称“人类文化语义学”，Ethnosemantics）、话语民族志（也称“人类言语文化学”，Ethnography of Speaking）。这些学术理论集中探讨了在认知语言学背景下，概念、话语、场景、隐喻和转喻、构词法、文化音韵学等语言现象与现实世界的相互关系。书中每个章节既有宏观的理论框架，又有微观案例的对比分析。比如，美国爱达荷州的印第安原住民语言中的“南瓜”一词，会让当地人联想到“种植南瓜的农庄”，而要带领亲朋好友去参观南瓜农庄，就得考虑解决交通工具问题，于是他们索性把租用的公交车（专门线路）命名为“南瓜巴士”；再如，美国亚利桑那州的西阿帕奇人把车灯比作人的眼睛，把车的发动机比作人的心脏，把车轮称作脚，把引擎盖称作鼻子等。作者从历时和共时的视角，基于大量多语比较的语料事实，从理论研究及研究方法的实践运用两方面对文化与语言的相互关系做了深入细致的分析和论证，为文化语言学学科理论与方法的研究提供了更为宽广的视角。

在中国，文化语言学从 20 世纪 80 年代中期开始步入一个新的发展时期。最具标志性意义的事件就是 1989 年 8 月在辽宁省大连市召开的“第一届全国语言与文化研讨会”。之后，几乎每隔两三年就会召开一次以语言文化为主题的年会或学术研讨会。20 世纪 90 年代至 21 世纪初，国内有一批学者相继发表了一大批专题学术论文并出版了一批专门研究文化语言学的著作，比如：申小龙著《中国文化语言学》（吉林教育出版社，1990 年）、邢福义主编《文化语言学》（湖北教育出版社，1990 年）、陈保亚著《语言文化论》（云南大学出版社，1993 年）、游汝杰著《中国文化语言学引论》（高等教育出版社，1993 年）、戴昭铭著《文化语言学导论》（语文出版社，1996 年）、张公瑾、丁石庆主编《文化语言学教程》（教育科学出版社，2004 年），以及苏新春著《文化语言学教程》（外语教学与研究出版社，2006 年），等等。这些学术研究成果表明，语言与文化的关系问题已成为中国语言学界关注的热点和焦点。后来，学界根据文化语言学研究领域不同学者的不同研究视角和风格，把从事文化语言学研究的学者及其核心理论观点划分为三大流派：文化认同派、文化参照派和社会文化派。中国文化语言学的三大主流学派虽然各自的研究视角、方法、思路和理念有所不同，但他们的核心目标是一致的，即从不同路径论证语言与文化的关系，回归语言学科的自然属性和人文属性。

文化认同派的代表人物是复旦大学中文系的申小龙教授。他的主要观点是，语言具有多种属性，但最根本的属性是人文性。他特别强调，语言不仅是文化的载体，也是文化的结晶。语言是所有人类活动中最足以表现人的认知特点的工具，是打开人类心灵深处奥秘的钥匙。

文化参照派的代表人物是复旦大学中国语言文学研究所的游汝杰教授。他的主要观点是语言具有多重属性，在研究某一语言特点时，不能只顾及某一维度，而是要从多个角度来考虑，这样才能全面把握人类语言的本质。他坚持认为，要把语言学与其他人文学科结合起来研究，可以从语言来观察文化，也可以从文化背景来研究语言。

社会文化派的代表人物是中国社会科学院语言文字应用研究所的陈建民研究员。他的主要观点与我国语言学界前辈、中国社会科学院语言文字应用研究所陈原所长的基本一致。陈原先生 1983 年出版了一部重要的理论著作《社会语言学》（学林出版社）。陈建民认为，语言的本质属性是交际性，或者说，是我们理解的社会性。他认为在不同的语言环境中，总是会出现不同的语言交际形式，所以我们在研究语言的时候，应该重视语言的变异，从动态的角度来观察语言及其变化的特征和规律。

纵观国内外文化语言学学科的发展历程，我们或许能从其历史辙痕中管窥该学科的本质属性和演进轨迹，展望文化语言学未来的发展方向。

第二章　语音与文化

洪堡特（1999：64）认为：“作为与内在精神力量密切相关的人类有机整体的组成部分，语音形式自然也同民族的全部精神禀赋相关联。”

张公瑾、丁石庆（2004）指出：“一个民族的语音特点与这个民族的文化气质，存在一种深层的同构关系，语音的变化与文化的流变和迁徙也存在一种或先或后的同步关系。”可见，语音中包含着十分深刻的文化意义。

根据罗常培、王钧（1957）的观点，语言是社会发展和变迁的直观体现，语音作为语言的生理基础和物理基础，与文化有着密切的联系，体现着深刻的文化内涵和社会发展轨迹。本章从语音的角度出发，揭示社会文化特征、内涵与语音之间的紧密关联。

虽然在语言学领域，分析具体语音结构的传统方法需要将语音分解成最小单位，并将它们组合成精细的、多层次的结构，但站在文化语言学的视角，可以将语音学视为一个多维的过程，这可能涉及音段与超音段单位的融合与协同。虽然音素可以帮助我们区分不同的元音和辅音，但从表面上看，音素和意义之间的联系是间接的。而事实上，音素和词法之间是相辅相成、密不可分的，这可以在单音素〔不能作为语素分析，如汉语音节 ā（啊）〕的声音符号中看到，如单音素可以通过改变自身的音长、音高、音量来表示情感或动作的变化；也可以在音节重叠中看到，如表示复数或缩略。和语言的其他方面一样，音位学似乎与意象图式的认知模式密切相关。这也从侧面反映出语音是一种隐性文化，可以把它看作是语言文化在语言形式上的一个生长点。从文化语言学的角度对语音进行分析可以补充解释语法和词汇中的一些现象。

文化语音学的本质就是从文化视角观察并研究语音，或从语音视角折射并解释文化。它与传统的微观语言学中的语音学、音位学以及实验语音学都存在很多不同。微观语音学主要将每个具体的语音本身作为研究对象，这种研究排除了一切文化联系，甚至历史社会背景，因而更具有科学普遍性；而文化语音学则从系统论的角度来观察语音与文化、历史、社会之间的关联。另外，微观语音学可以通过实验与量度（声学的、生理的、心理的）对语音单位进行定性与定量研究，并归纳出涵盖绝大多数现象的规则；而文化语音学却只能通过人的感受，以及文化传统、社会习俗等抽象概念之间的联系加以定性，由于它具有较明显的主观性，只能阐述一定的倾向性，因此很难进行量化和规则化。当然，由于语音具有多重性，所以文化语音学和微观语音学并不是相互替代的关系，而是补充关系。在语言体系的各个要素中，语音的物质性最强，“无理据性”也表现得最为明显。语音是语言的一个基本要素，参与语言的形成过程，对语言的构成和特点的形成具有重要作用，并渗透到语言使用的各个层面，影响语言的使用和交际效果。当然，相较于其他语言要素，语音与文化的关系还是相对疏远。

第一节　语音与文化的关联

语音作为语言的三要素之一，也属于文化的一部分，具有折射文化差异的功能，因此，在语音与社会文化发生联系的同时，也会反映出社会文化的差异。

语音与文化的联系可以体现在三个层次上，分别是：（1）从语音的物理属性、生理属性转向语音的社会属性、心理属性；（2）外来语音对本土文化产生影响;（3）主观意识影响语音的感受属性。

第一个层次是指不同的语音会对不同阶层、不同背景的人传递出不同的信息和感受。这种感受是由语音与意义之间存在的某种固定或不固定的联系造成的，即人的感受与语音本身（尤其是与音乐相关的物理属性）之间存在较大关联。具体地说，这些语音现象包括拟声、谐音、联绵词、叠音词及重叠词，词语中的平仄组配、音节组合，阴声韵、阳声韵、入声韵、宽韵、中韵、窄韵、险韵，诗词中的平与仄，言语声音的洪亮高扬与悠细低抑等。

第二个层次体现在外来语音（音位或音位组合）对本土语言音系的影响上。具体来说，在特定的社会背景下，某个外来语音会长久地保留在本土语言中，而且这个外来语音的特点、语音框架影响着本土语言的语音系统。

第三个层次是从狭义的语音与文化的联系来观察的。对于同一个语音，每个个体都会产生不同的主观感受，因此，对于这个层次的研究存在很大的变动性和多样性。虽然从中很难确切地概括出具体的文化意识，但也可以确定，狭义的文化语音学也反映出了一部分的民族特征，从而具备了某种文化属性。

一、文化影响语音演变

首先，文化影响力的强弱与语音的变化密切相关。比如，从古英语时期（450—1150）到中古英语时期（1150—1450），受到强势文化的影响，英语的发展一直处于弱势。直到英法百年战争时期（1337—1453），英语才获得了正统地位，并随着 16 世纪初至 20 世纪初英国的殖民扩张运动得到空前的推广和发展。英语在发展过程中产生了很多变体，虽然都以英音为基础，但各国自身的政治、经济、文化特点决定了其语音的特点。近代英语时期（1450 年至今）的主流是英式英语和美式英语，不过在不同的时期，由于国家文化影响力有强有弱，英音和美音交替占据主导地位。如北美殖民地时期（1607—1776），英音占据主导地位，具有极大的权威性和优越性。在这一时期，美音被英国人称为“平民发音”。而二战后，随着美国经济的不断增长和政治地位的提高，纯正标准的英式口音（Received Pronunciation，简称 RP）受到影响。美音对英音的侵入或渗透实际上是社会变迁导致文化主导者发生变迁的结果。

其次，语音内部的变化是社会发展进步的结果。英语为了其自身的繁荣和传播，也会随着社会发展的步伐而改变。从古英语时期到中古英语时期，英语的 RP 标准音一直随着时代的发展而不断变化，从多样化逐步走向标准化。

再次，语音还能反映出民族的思维和个性特征，具体如下：

（1）等级差异与平等观念。英国的等级差异使得不同阶层的人的英语语音也有较大的不同。1066 年诺曼征服后，在英国本土，英语成了地位最低、最不受欢迎的语言，只有最底层的老百姓才说；而在 14—20 世纪的英国，RP 被认为是受过良好教育的体现，因此成为上层人士身份和地位的象征。美国的通用美式发音（General American，简称 GA）则体现出了包容与和平的特点，它不像英国英语那样具有浓重的等级色彩；澳大利亚英语也有“土音”“通音”“雅音”之分，但没有地域和阶级的划分；加拿大英语也与其文化一样，具有极大的兼容性，没有地域、等级和受教育程度的差别。当然，随着社会的进步与发展，英国的语言等级差异也变得越来越不明显了。

（2）保守性和创新性思维及其价值观。一种语言通常由十几个或几十个音位组成，其组合后的面貌具有很强的民族性和文化特点。英语的不同变体在各自的文化背景和社会环境中不断发展，逐渐被打上了不同的文化烙印，反映在思维和价值观上也有所不同。英国特殊的历史背景造就了他们保守的特点，因此英式英语发音比较清楚，连读的部分较少，听起来字正腔圆，而且他们还会排斥其他自由变体。而美国在殖民斗争和经济飞速发展时期形成了开拓进取、创新包容的思维方式，在此背景下形成的美式英语除了保留大量伊丽莎白时代的语音特征外，还吸收了很多其他语言中的词汇。此外，美式英语的发音采用了更多的音变规则，显得更加简单、省力。英国标准音和美国标准音的保留与创新实际上是两个国家在政治、经济、文化发展中强与弱的对抗以及与本民族价值观相碰撞的结果。可见，语言的变化必然会受到社会文化发展的影响，文化对人的影响存在于语言和思维中，同时也体现在交流过程中。

二、文化视角的语音研究方法

从文化视角来研究语音可以从三个方面进行分析：语音的应用、语音的回避、语音与跨文化交际。

1. 语音的应用

语音的应用表现在以下三方面。

（1）文学艺术方面。我们可以从语言功能的特殊性来分析不同语言或是同一种语言的不同方言口音在各类文学作品中的应用以及它们起到的不可替代的作用。例如，用汉英两种不同的语言所写的文章具有不同的韵味，因为汉语以单音节为主，拥有非常丰富的同音字和谐音字，在写作过程中易于押韵；而英语词汇以多音节为主，更易于利用其不同的重音和语调表现出丰富的含义。因此，不同类型语言的音调格律、轻重音所形成的节奏感，以及韵律的差异、不同语言的音质和音色等，都能表现出审美差异，并唤起读者不同的感觉。

（2）商业广告方面。在现代广告中，语音的特殊功能也得到了很多利用。比如，押韵可以让广告更加朗朗上口、更加深入人心；同音和谐音可以通过创设吉祥的意境，使消费者得到某种心理上的满足，从而达到销售目的；叠音的使用也可以让句子更加易于记忆。

（3）日常交际会话方面。无论是西方文化还是东方文化，都存在着各种各样的同音和谐音词语，有时会被有意或无意地误用或曲解。因此，研究日常交流中因同音和谐音而造成的误解可以窥探出其中的文化特征。

2. 语音的回避

语音的回避具体可分为以下四个部分。

（1）避名讳。在我国封建社会，人们对于君主或尊亲的名字不能直书其名、直读其音，必须改字或改音。这种避讳可分为国讳、圣讳、宪讳和家讳等几类。在西方文化中也存在很多同音忌讳的词，在不同的场合要注意避免使用。

（2）避“死”字。对于死亡，无论是东方还是西方都有不同程度的避讳，因此会使用不同的委婉语来替代“死”这个字眼，或者避免使用与“死”发音相同或相似的词语。比如在中国，老百姓对与“死”谐音的数字“4”很忌讳；在英语国家，人们对与“die”相同或相近的发音也很忌讳。

（3）避免使用不吉利、不文雅的字眼、字音。在日常生活中，除了上面提到的“死”字，对于其他不吉利、不文雅的词语，人们通常也会用别的词来替代原来的词，取新的名字或采用含有吉祥意义的词语，通过委婉迂回的方式来避免粗俗的、陈腐的直接表达。比如，英语中会使用“chest”来替代“breast”，用“unwise”来表示“foolish”等。

（4）避免使用粗俗话、禁忌语。在日常学习与生活交流中，各种文化都会避免使用不雅的低俗话语或相关的禁忌语词，以免产生麻烦和误会。

3. 语音与跨文化交际

在跨文化交际过程中，也要注意避讳禁忌语。尤其是当自己母语中出现与外语禁忌语相似的发音时，更要尽量避讳。此外，还要注意下面几个语音系统也不能混淆。

（1）语言变体的语音系统不能混。在现代英语的几大地理方言中，英式英语和美式英语占据了主要位置。在学习语言的过程中必须掌握一种标准发音。以英语为例，要么掌握英式英语的标准发音（RP），要么掌握美式英语的标准发音（GA），也可以同时掌握两种发音，但与外国人交流时最好坚持使用一种发音。因为基于英音和美音的不同背景，同一词语的不同发音会有不同的定义和接受范围，如果使用不当，可能会在交流中引起不必要的误解。

（2）地域方言的语音系统不能混。人们通常会根据口音和个别的方言用语来判定对方是来自哪个区域的人，此时音位系统比词汇更可靠，因为相同地域的人群往往具有相同或相似的发音，这一点是很难改变的。也就是说，地域方言语音系统与身份认同息息相关。

（3）社会方言的语音系统不能混。讲同一种语言的人往往会因为社会地位的不同而产生不同的变体。例如，在中国，受过良好教育的人和未接受过教育的人所说的普通话不完全一样，前者发音比较标准；在欧美等国家，黑人英语和标准英语存在一些不同的发音，如黑人英语中 /i/ 和 /e/ 不分。与地域方言一样，社会方言的语音特点也可以传达出不同的社会背景，如语音语调与性别、职业等具有一定的关联。

三、英汉语音特征对比

英语和汉语作为两种截然不同的语言，其语音系统也存在着显著差异。英语语音的基本单位是音素，在语音学上，可以把英语的音素分为元音和辅音两大类；汉语语音的基本单位是音节，根据汉语传统音韵学，一个字音（音节）可以划分为声母、韵母和声调三个部分。因此汉语中的声母和韵母不同于英语中的元音和辅音。英语的元音系统比较简单，共有 20 个，包括 12 个单元音和 8 个双元音；汉语共有 39 个韵母，包括 10 个单韵母、13 个复韵母、16 个鼻韵母。英语有 28 个辅音；汉语有 21 个声母，另有一类零声母。

英汉的发音部位或发音方法差异较大，即使有些音听起来很相似，如英语 h[h] 和汉语 h[x]，但两个音的发音部位却不同，前者是声门音，后者是舌根音。另外，有一些音是某种语言中所特有的，例如，英语中有 [æ]、[ʌ]、[θ] 等，汉语普通话中没有；而汉语中的 j[tɕ]、q[tɕ‘]、x[ɕ] 等也是英语中不存在的发音。

下面将从英语和汉语各自的元辅音、音节结构、重音、声调与语调等方面入手，通过对各层面特征的梳理，对比英汉语音的特点。汉语虽然不按音素区分语音，但为了方便对比，本节将汉语中的音节拆分为音素进行比较。

（1）辅音音位对比

英语辅音的特点包括：

① 清辅音和浊辅音成对的辅音占绝大多数。有 8 对辅音形成整齐的清浊对立，其中有 3 对塞音（爆破音）（[p]— [b]、[t] —[d]、[k]— [g]）、4 对擦音（[s]—[z]、[f]— [v]、[θ]—[ð]、[ʃ]— [ʒ]），以及 1 对塞擦音（[tʃ]—[dʒ]）。

② 清辅音和浊辅音在英语中具有区别意义的功能。

汉语辅音的特点包括：

① 普通话的浊音声母只有 4 个（m、n、l、r），其余的辅音声母都是清音；辅音韵尾 ng 是浊音。

② 在汉语普通话中，塞音和塞擦音有送气与不送气的区别，且送气与否会影响意义。肺部呼出的气流较强的音称为送气音，如 p、t、k、q、ch、c；肺部呼出的气流较弱的音称为不送气音，如 b、d、g、j、zh、z。

（2）元音音位对比

元音音色的差异是由舌位的高低、舌位的前后、嘴唇的圆展决定的。英汉元音的主要区别见表 2-1：

表 2–1　英汉元音的主要区别

英语	汉语
元音区分较细，分布比较均匀，分布在各个不同的高度和前、中、后不同的部位	元音倾向于高化，低元音少，且舌面元音中没有中等舌高的元音
前元音中没有圆唇音，而后元音多为圆唇音	前、高元音有圆唇与不圆唇的对立；后、半高元音也有圆唇与不圆唇的对立
元音有松紧的对立，因而也有长短的区别	元音没有松紧和长短的区别，所有的元音都发得抑扬顿挫
除央元音外，其他元音也有向央元音靠拢的倾向，即：前元音并不太靠前；后元音也不太靠后；高元音并未高到极限位置；而低元音离极限位置也还有一定距离	元音的舌位都在舌的前、后、高、低的极限位置

（3）音节结构对比

音节是语言中由一组音位构成的最小的语言使用单位。英语音节结构和汉语音节结构都各有自己的特点。

英语音节结构的特点包括：

① 处于核心位置的一般是元音，因为元音发声响亮，能单独构成音节。

② 音节中最少有 1 个音素，最多有 8 个音素。

③ 闭音节多，开音节少。

④ 音节中，辅音占优势，且在元音前后都允许有辅音群出现。音节开头最多允许出现 3 个辅音，音节末尾最多允许出现 4 个辅音。

汉语音节结构的特点包括：

① 汉语的音节构成：前声后韵，声调附于整个音节上。

② 一个音节最少有一个音素，即元音；最多有 4 个音素，包括元音和辅音。

③ 音节中，元音占优势，大部分音节以元音结尾，即开音节多，闭音节少。

④ 每个音节中，不能两个及两个以上的辅音连在一起。出现在音节开头的声母只有单一的辅音；出现在音节末尾的也只有单一的辅音，且充当辅音韵尾的只有鼻音 n 和 ng，不存在辅音群。

（4）重音对比

重音作为一种超音段的语音表达手段，是语言节奏和语调的基础。语音学中的重音分为词重音和句重音。

英语词重音的特点包括：

① 英语词汇以元音和辅音构成的多音节词为主，重音位置是确定的，重音作为单词发音的重要部分不能读错，否则很有可能造成听者的理解困难，甚至引起歧义。英语中还存在次重音，主要是为了节奏的需要。次重音用“ˌ”表示，其位置也是固定的。

② 词重音位置的变化具有区分词性的功能。当某些英语单词的重音落在第一个音节上时，一般用作名词；落在第二个音节上时，一般用作动词。

③ 重音位置的变化能同时引起词性和词义的变化。

汉语词重音的特点包括：

①汉语的词汇以双音节为主，词重音的作用没有那么明显，其变化通常不会引起词义的改变。

② 汉语作为“音节计时”语言，每个音节基本都需要以同等的时间清楚地发出，音节之间的界限比较清晰；而且每个音节都有声调，声调又具有辨义功能，其作用相对于词重音要大得多。

英语句重音的特点包括：

① 英语作为“重音计时”语言，其句重音由词性决定，实词通常重读，虚词和功能词往往弱读。对于信息量较小的非重读音节，通常采取连读、弱读、略读、同化等连贯话语的调整手段，使其发音相对含糊、短促，从而凸显带有重要信息的重读音节。

② 英语的句重音需结合词重音在语句中交替出现，从而形成特定的韵律节拍，这对于传递言语交流中的重要信息起着关键作用。

汉语句重音的特点包括：

① 汉语的句重音分为“语法重音”和“逻辑重音”。句子里的某些语法成分需要读成重音，这种因语法结构而产生的重音称为“语法重音”。这是一种自然重音，重音的落点与语言单位的语法结构类型密切相关。

② 汉语的句重音还可以表达某种特殊意义或特殊感情，主要指说话人根据自身的意图和情感来有意识地把句中某个词说得响亮些。这种句重音称为“逻辑重音”，它没有什么固定的格式。逻辑重音往往是语义的焦点部分，使听者能够更容易地识别和理解句子中的关键信息。

（5）声调与语调对比

英语是一种语调语言，汉语是一种声调语言，这是英汉两种语音系统在韵律特征上最主要的区别。

英语语调的特点包括：

① 语调是英语韵律的一个显著特征。与汉语不同，英语没有声调。虽然英语的音节也可以有平降等不同的音高变化，但这种变化是不固定的，不具备区分词义的功能。而由单词组成的短语或句子使用不同的语调时，就会导致语义的变化。

② 英语语调包括三个系统：调群切分、调核位置和调型。

a. 调群切分（tonality）：指将一段话语切分成一系列与句法相关的语调单位，与说话人对信息块的感知相对应。切分后的话语片段称为调群、语调短语或韵律词组等。

b. 调核位置（tonicity）：每个调群中只有一个重音高峰，也就是重读音节中最突出的音节，称为调核。调核是调群的中心，即信息焦点。调核位置如果发生改变，信息中心就会随之发生变化。

c. 调型（tone）：指按照一定的关系联结在一起的许多音节组成的体系，并以一个音节为中心。英语的基本调型有七种：高降、低降、高升、低升、升降、降升和平调。英语语调丰富，变化复杂，能很好地表情达意。

汉语声调的特点包括：

① 在汉语传统音韵学中，汉语的音节由声、韵、调三个部分组成。汉语普通话的声调有四类：阴平、阳平、上声和去声。声调具有区别词义的作用。

② 汉语的音节组成语句时，声调没有固定的组合规律，可以任意搭配。声调在汉语的韵律系统中发挥着主要作用，声调及其组合对语调影响很大。

③ 句末音节的升降变化可以用作调节的手段，赋予句子不同的感情色彩，从而改变语句所表达的意思。

第二节　汉语语音的文化内涵

语音修辞主要是为了让音节和语流共同协作，从而形成听觉上的美感和享受。在艺术化的语言表达中，适当的语音技巧与特定的思想内容珠联璧合，可以形成超越文本的艺术魅力。人类一直生活在声音世界里，因此对各种类型的声音产生了不同的感受。在一般情况下，人们追求优雅舒适的美感，喜欢整齐欢快的节奏、响亮圆润的音色、婉转流畅的语流，排斥杂乱无章的节拍、嘶哑干涩的音质、尖锐刺耳的音调。当然也有反常规的情形，比如有些人受到特殊心情的影响，会特意去寻求那些平常令他人反感的声音，借以刺激感官、发泄郁闷，从而获得一种畸形的快感。因此，通过对语音不同的加工和升华，可以表达出不同的情感和思想；同时，针对语音的特点进行研究和剖析，也可以从表象之下窥探出其背后蕴含的文化特性。

一、汉语语音的音乐性潜质

音节构造在语言中具有关键意义。音节是语音中最自然的结构单位，确切地说，音节是音位组合构成的最小的语音结构单位。在汉语中，一般一个汉字读出来就是一个音节。汉语的音节由声、韵、调三部分构成，其中声调几乎是必不可少的，对整个音节起着“锁固”作用。声母、韵母、声调三部分都是作为区别意义的要素加入音节结构之中的，而由于声调的作用，音质部分才会被锁固，从而只允许整个音节（而不是一个辅音或元音）成为语素的形式。另外，汉语的每个音节几乎都有意义，发音时必须将声调充分地表达出来，因此音节的音程整体说来更加饱满、齐整（赵惠霞、周憬，2011）。汉语这种独特的音节构造使它可以更好地诠释语言的音乐性。

首先，在汉语中，语义节奏的基本单位是音步。从韵律上说，一个音步的音节数量可能是1—3个，尤以2个为佳，所以1-1、2-2、2-1或1-2就成为基本的节拍框架。不仅在古代诗词中，在民歌、戏曲唱词、儿歌、快板、顺口溜，甚至在口语中，汉语双音节词的占比都是相当高的。例如：

昔我往矣，杨柳依依。今我来思，雨雪霏霏。（2-2）

白日依山尽，黄河入海流。（2-2-1）

滚滚长江东逝水（2-2-2-1），浪花淘尽英雄。（2-2-2）

枯藤老树昏鸦，小桥流水人家。（2-2-2）

明月装饰了你的窗子（2-2-1-2-2），你装饰了别人的梦（1-2-1-2-2）。

一般来说，汉语的“自然音步”会受句法、语义的影响，然而汉语诗词的音步却可以超越语法结构或语义结构，而选择优先满足语音节奏，从而形成符合汉语语言习惯的节奏和韵律感。比如“执子之手，与子偕老”，如果根据语法和语义，诗歌的音步将变为“执—子之—手”（1-2-1），然而在实际的诵读中，人们却更倾向于按照常规的 2-2 音步进行停顿。

其次，汉语在语音上有别于其他语言的一个主要特征是声调。汉语的每个声调都与元音捆绑在一起，同时汉语语音中元音占主导地位。元音发音响亮、悦耳，因此也被称为乐音。这就使得普通话平、上、去、入四个声调的变化十分明显，一些地方方言甚至存在更多的声调。这些高低错落的声调与音乐的旋律类似，可以赋予句子抑扬顿挫、高低起伏的韵律感。汉语自古就有声调，古汉语声调还分平仄。平声包括阴平和阳平，读起来比较低沉、绵长；仄声包括上声、去声、入声三类，读起来多高亢、短促。诗歌创作讲究平仄，而平仄不是随意组合的，需要结合客观的语调、音步，以及主观的生理、心理感受，形成抑扬顿挫、富有节奏的音乐效果，从而更好地传达作品的意义并凸显诗歌独特的意境。例如：

千山鸟飞绝（平平仄平仄），

万径人踪灭（仄仄平平仄）。

孤舟蓑笠翁（平平平仄平），

独钓寒江雪（仄仄平平仄）。

另外，中国人自古以来就讲究语音的和谐。汉语独有的韵母体系使它可以形成一种特定的音响效果，即韵脚。押韵是让拥有相同韵脚的字按照一定的规则在句尾反复出现，造成声音回环的一种艺术手段。押韵可以使诗句、唱词、民歌、戏曲等音调听起来整齐、对称、和谐悦耳，富有音乐感。经过长期的发展，汉语形成了多种不同的押韵方式。根据韵脚的数目，可以分为单韵和复韵。单韵又可细分为脚韵、头韵、腰韵、脚头韵、脚腰韵、腰头韵、腰脚韵、头脚韵和头腰韵，复韵也可细分为随韵、交韵和抱韵。中国人对押韵的多种运用方式充分体现了中国文化中追求和谐统一的传统。

最后，汉语的音节结构形式有限，即音节的开头、末尾都只允许一个辅音出现，而且能做韵尾的辅音只有 n [n] 和 ng [ŋ]。使用有限的音节去表现纷繁复杂的意义必然会导致大量同音或近音字词的出现，从而形成了汉语丰富的谐音现象。谐音利用汉字同音或近音的条件，用同音或近音字来代替本字，不仅体现了汉民族的价值取向，还反映了我们的审美情趣和思维方式，具有深刻的文化内涵，也展示出中国人内敛、含蓄又不失幽默的民族性格。另外，谐音中的避讳词也很好地体现了中国文化的意蕴。汉民族是一个热爱生活、追求美好的民族，这体现在语音中就是对某些音的偏好，以及对另一些音的避讳。例如：每到过年时，中国人喜欢在家里挂一幅童子在莲花池中手抱鲇鱼的年画，因为“莲”与“连”、“鲇”与“年”、“鱼”与“余”分别谐音，表达了中国人对“连年有余”这一美好愿望的向往；给别人送礼物忌讳送“钟”、送“伞”，因为“钟”和“终”、“伞”和“散”同音。

除了上面的一些音乐性特点，汉语特有的四字成语、歇后语以及民间的俚语、谚语都有着约定俗成的轻重格式，读起来节奏明快，富有韵律；儿化音的使用也给汉语带来了柔美、细腻的感觉；再加上双声、叠韵、叠音的运用，朗朗上口的音节不仅有利于记忆，也更加凸显出汉语语音的感染力和音乐性。

综上所述，汉语语音具有以下几个显著特点：

第一，汉语音节是以一个乐音（响音、主要元音）为中心的语音片段，可以达到字字珠玑（吐字如珠）的音响美效果。

第二，每个汉语音节都包含或平或曲或升或降的音高线条，可以在音节发音的音程中形成抑扬顿挫的旋律。

第三，每个汉语音节的音长（时值）基本相等，既可以与音乐的音符形成一一对应的关系，也可以组合成或整齐划一或错落有致的节拍群或者节奏类型。

第四，汉语音节结构的特殊形式所造成的有限的音节形成了汉语独特的谐音现象，反映了中国人独特的生活情趣。

总之，作为艺术语言的基本符号，汉语音节较之西方语言具有得天独厚的优势，汉民族可以轻而易举地运用汉语的音节特点创作出富有音乐性的语言作品。

二、汉语文化中的语音隐喻 *

关于隐喻的研究可以追溯到两千多年前，但长期以来，隐喻仅仅被当作修辞现象来研究。随着认知语言学的发展，1980 年，美国语言学家莱考夫（George Lakoff）和哲学家约翰逊（Mark Johnson）合著了《我们赖以生存的隐喻》(*Metaphors We Live By*)，这本书的出版确立了隐喻在认知中的地位。隐喻逐渐从一种修辞和释义手段演变为一种不可或缺的认知工具、一种通过语言表现出来的思维方式。隐喻作为一种认知方式，被认为

* 本部分内容主要参考石兰（2021）。

是概念系统中的“跨域映射”，即以相似性为基础的从始源域向目标域的映射，它可以帮助人们以另一类事物来理解或体验当前的事物。然而在很长一段时间内，隐喻基本上只停留在语义层面，直到1999年，匈牙利学者Fonagy才首次提出了“语音隐喻”（phonetic metaphor）的概念。Fonagy有关语音隐喻的理论基础是“拟音象似性”（onomatopoeic iconicity）。它基于以下三个原则：（1）有意识地表示某种情感与特定发音方式对应；（2）发音器官运动与特定发音方式对应；（3）不同程度的紧张、延时、言语速度反映出不同程度的情感。（李弘，2005；刘凤贤，2015）因此，建立语音隐喻的基础是：语音与所表达的意义之间存在象似性，可以用一个象征单位（一种音义关系）来比喻或激活另一个象征单位。

汉民族非常善于利用语音隐喻来表达独特的文化内涵，因此在中国民俗文化中，可以发现很多语音隐喻现象。

（1）基于音同形异义异的语音隐喻。音同形异义异是指发音完全相同，但词形和词义均不相同。例如：春节期间，人们将大红的“福”字倒贴在门上，“福倒”与“福到”发音相同，即“福气已到”；春节前夕，家家户户打扫房间及庭院的习俗称为“扫尘”，因为“尘”与“陈”同音，所以“扫尘”就有“除陈布新”之意；过年期间如果不小心摔碎了碗碟，人们会说“碎碎平安”，因为“碎”与“岁”同音，表达了美好祝福；年夜饭餐桌上少不了鱼，因为“鱼”与“余”同音，象征“年年有余”；大年初一往往要吃年糕，因为“糕”与“高”同音，所以年糕寓意“年年高升”。

当然，在生活中，由这类语音隐喻所引发的不良联想也需要避讳。例如：中国人忌讳在门前种植桑树，因为“桑”与“丧”同音，会让人产生不好的联想。

（2）基于音近形异义异的语音隐喻。音近形异义异是指发音相似或相近，但词形和词义均不相同。例如：年夜饭里有鸡是因为“鸡”与“吉”发音相似，寓意大吉大利；重要考试前，人们会送笔、定胜糕和粽子，因为“笔定糕粽”的发音近似“必定高中”，以此寄托亲友对学子考出好成绩的希望；中国人特别喜欢数字“八”，因为“八”与发财的“发”发音相似。

同样，这类语音隐喻有时也会让人联想到生活中的一些禁忌，从而带来不悦的联想，需要避免使用。例如：在年夜饭的餐桌上，美味的“梅菜扣肉”一般不会出现，因为“梅菜”与“没财”发音相似，因此被赋予了不吉利的含义；数字“四”由于与“死”发音相似，会让人产生不好的联想，因此在生活中人们会尽量避免使用。

（3）基于语音仿拟的语音隐喻。仿拟是指为了达到某种特殊效果，按照既有的语言表达形式，通过改动其中部分词语或语序，临时创造出新的语言形式的一种辞格。如果通过语音手段，也就是通过套用或改动已有语言表达中的语音来创造新的词语，那么这种手段就称为语音仿拟。例如：表达“五谷丰登”这一寓意的图案多用莲花、如意组成灯笼的造型，灯笼上悬结谷穗作为流苏，蜜蜂围着灯笼飞舞，因为“蜂”和“丰”同音，“灯”和“登”同音，再加上谷穗，就形成了五谷丰登的吉祥图案；《五福捧寿图》是中国民间广为流传的吉祥图案，图中是五只蝙蝠围绕一个大的寿桃或者“寿”字，之所以这样构图，是因为蝙蝠的“蝠”和“福”同音，用五只蝙蝠代表五福，寓意长寿；“喜上眉梢”形容人因为喜事而眉开眼笑，《喜上眉梢图》也是中国传统吉祥图案之一，图中喜鹊站在梅花枝梢上，其中，喜鹊作为“喜”的象征，梅花的“梅”与“眉”同音，生动形象地传达了“喜上眉梢”的寓意，表现出一种喜庆的色彩。

语音仿拟在民俗活动中也有体现。例如：传统的中国婚礼有“撒帐”的习俗，就是将红枣、花生、桂圆、莲子等干果撒到婚床上，这四种食品谐音“早生贵子”，表现了人们对新婚夫妇的美好祝福。

通过语音隐喻现象，可以发现蕴含其中的多种中国传统文化观念。

首先是语音隐喻传递的幸福观。例如：春节期间的一些民俗活动，如倒贴“福”字、贴上“五福临门”或“福从天降”等吉祥图案，充分表达了人们祈福纳祥的热切愿望。

其次是语音隐喻传递的家庭观。例如：人们中秋节吃月饼，元宵节吃汤圆或元宵，都是希望家庭成员能够和谐统一、团圆和睦，这些食品呈圆形，因此被赋予了“团圆”的意义；婚礼上撒帐习俗所表达的“早生贵子”的愿望，也很好地诠释了中国人希望家中人丁兴旺、多子多福的观念。

再次是语音隐喻传递的财富观。例如：中国人年夜饭里必不可少的一道菜——鱼、年画中的鱼和莲花，都寄托了人们对“年年有余”或“连年有余”的美好生活的向往；“发财”则是中国人对财富的追求，因此人们才对读音近似“发”的数字“八”如此钟爱。

最后是语音隐喻传递的成功观。例如：古代有为赶考的学子送笔、定胜糕和粽子的习俗，企盼其“必定高中”；“连中三元”是古代学子的最高理想，清朝有些地方的宴席上有一道菜叫“三元汤”，就是用鱼丸、肉丸和汤圆做的汤，因为三者均为圆形，与“元”同音。

总之，语音隐喻在中国人的生活中无处不在，在中国的民俗文化中具有重要的意义，并逐渐内化为中国人现实生活中的行为准则。

三、汉语语音对中国文化的影响 *

1. 汉语语音的文化特征

一是音乐感。汉语的语音音节界限分明，乐音较多，加上声调的高低变化和语调的抑扬顿挫，具有音乐性强的特点。因此，汉语的押韵就建立在元音共鸣上，节奏建立在音节的顿挫上，旋律建立在声调的抑扬起伏上。《诗经》、唐诗、宋词、元曲等文学作品无不体现了汉语语音强烈的音乐性。

二是音义融通。西方语言学界普遍认为语言的音义之间是“任意的”，而中国古人认为音义之间是有联系的。在《语言缘起说》里，章太炎曾分析

* 本部分内容主要参考武丹（2018）。

过鸟名的“物音”依据：“何以言‘雀’？谓其音‘即足’也（按：‘即足’为反切注音法）。何以言‘鹊’？谓其音‘错错’也。何以言‘雅（鸦）’？谓其音‘亚亚’也。何以言‘雁’？谓其音‘岸岸’也。……此皆以音为表者也。”因此，“因声求义”成为古代释义的一种重要方法。

三是情感的宣泄。语言是在物质生产劳动时由于外部的刺激所引起的强烈感受以及由于内部冲动所引起的表达欲望，使劳动人民发出呼叫、感叹等声音，如“嘿哟”“哎呀”“啊”“天哪”等等。久而久之，人们便能闻其声而知其事了。

2. 语音对语言交际的影响

语音对语言交际的影响主要体现在谐音方面。谐音现象之所以普遍存在且大多反映汉民族趋利避害的社会心理，是因为人们相信可以通过支配语言的读音或文字，进而支配与它们相关联或由它们所代表的事物。谐音取义成为交际中的一种重要方式并被广泛使用，与民族心理和文化底蕴是分不开的。受《论语·学而》中“礼之用，和为贵”的价值观的影响，人们会采用与话题语音相同或相近的词语，既让对方明白自己的意思，又避免让对方感到尴尬。

3. 语音对文学的影响

汉语语音独特的声调及音节构造使汉语具有节奏鲜明、抑扬顿挫、铿锵悦耳等特点，所以无论是古体的“歌”“歌行”“引”“曲”“吟”，还是近体的“诗”“词”“曲”，都十分讲究合辙押韵，都是通过声、韵、调的协调形成语音上起伏跌宕的音乐美。

语音对文学作品的影响除了可以依靠听觉感官之外，还可以依靠其他感觉来体会，这种抽象的感受多体现在附属于语音的象征功能之上。首先是运用韵脚的象征功能，例如，在崔颢的《黄鹤楼》中，第二、四、六、八句押“ou”韵，韵脚分别是“楼、悠、洲、愁”，这些读音都是悠长而徐缓的，抒发怀古之情可谓恰到好处。其次是运用双声叠韵的象征功能，仍以《黄鹤楼》

为例，诗中的“悠悠”“历历”“萋萋”等双声叠韵词使得语言表达更加生动、形象，更有感染力和表现力。这些都体现了语音带给文学（特别是诗歌）的深刻影响。

第三节 英语语音的文化内涵

语音三大属性（生理属性、物理属性、社会属性）之一的社会属性，反映了人们在长期的社会生活中约定俗成的一套语音体系。这套体系反映了人与人之间、民族与民族之间的文化交往，反映了创造和发展语言对人类潜意识选择的影响。因此，语音可以被看成是一种文化现象，通过它，可以折射出不同民族的文化特征和属性。

英语语音的变化和西方社会文化发展之间的关系是相互的，也是必然的。文化对语音的影响存在于人们的语音表达和思维方式中，并在语言交流中自然流露。因此，讨论英语语音的文化内涵不仅可以了解西方文化和社会的发展，更重要的是通过语音与文化的结合，可以更全面、更深刻地认识英语音位学。

一、英语音位的发声修辞

影响英语口语交际中语音旋律的因素主要有以下八个：音素、音素的组合、连读、单词重音、句子重音、话语节奏、强读与弱读、语调。其中，重音、话语节奏、语调在语言交际中的作用尤为突出。上述八个因素都可以归入音位和超音位两个范畴。音位和超音位等语音成分能对信息传递、信息接收、信息理解起到至关重要的作用。同一语句，如果重音的位置不同，语调、停顿使用不当，往往就会产生不同的交际效果。要想达到交际目的，必须重视语音的这些成分对交际活动的价值。

音位是按语音的社会属性划分出来的区分语义的最小语音单位，主要包括音素及音素的组合。音位是人们交流思想、传递信息、表达情感的最小语音单位。不同的音位在发音时的口形、舌位和强度各有不同，因此，说话者可以利用音位的特点，将其与自己的思想内容进行有机联系，从而使听话者产生某些语义联想。

1. 元音、辅音的发声修辞

根据元音音位的生理和物理属性，可以将其分为“共鸣度高”和“共鸣度低”两类。根据需要，组合、使用不同的元音可以传达出不同的感受。例如：遇到危险时，人们会将“help”中共鸣度较低的元音 [e] 替换为共鸣度较高的 [a]，从而表达出强烈的情感。

根据辅音音位的气流受阻程度，可以将辅音音位分为“强硬”（受阻程度高）和“柔和”（受阻程度低）两类。使用“强硬”类辅音可以表达出爆发、愤怒、坚硬的感觉，而使用“柔和”类辅音则可以营造出圆润、和谐、宁静的氛围。例如：“The vision still remains within the sound of silence.”（幻影仍萦绕于寂静之声中。）和“You’d better beat it, no one wants to be defeated.”（你最好赶紧离开，没人想被击败。）两句歌词，前一句大量使用受阻程度较低的辅音，很好地契合了曲调的婉转和语义的凄凉，而后一句大量使用的“强硬”辅音可以更好地表达出高昂的情绪。

2. 音位的音韵修辞

英语音位常见的音韵修辞可以分为头韵、腹韵（元音叠韵）、尾韵等几种。头韵是指两个或两个以上单词的首个辅音相同，从而形成整齐悦耳的读音，如“first and foremost”（首先，也是最重要的），押头韵可以形成很强的表现力和感染力。腹韵又称元音叠韵，是指相连的词具有相同或相似的重读元音。例如：“And the dimpling stream runs laughing by”（微波荡漾的溪流欢笑着流过）中，“dimpling”和“laughing”的使用增加了整个句子和谐的音乐美，读来朗朗上口，自然流畅。尾韵是指词尾的音素重复。例如：

“The lowly are most intelligent, the elite are most ignorant.”（卑贱者最聪明，高贵者最愚蠢。）“intelligent” 和 “ignorant ” 两词具有相同的尾音 [t]，这个句子利用这一点形成了绝佳的尾韵效果，读起来和谐对称，大气磅礴。

此外，英语中也会通过使用音位拟声词来达到生动形象的修辞效果。英语的拟声词有直接和间接两种。直接拟声词是指音位特征与所表达的语义基本吻合，听话者可以直接产生音义之间的联想，如“buzz、murmur、quack、meow、tick tock、beep”等等。使用直接拟声词可以让听话者获得身临其境、感同身受的真切体验。间接拟声词是指词的发音并不直接唤起某种听觉经验，而是让人对某种象征性意义产生联想。这类词的拟声效果是基于它们本身某些字母的发音能象征某种概念、意境或气氛，从而引发听者的联想。以“bounce”为例，这个词的发音听起来像球落地弹起来的声音，因此其含义可以引申为：① n. 弹跳，弹性；② vt. 弹跳，使弹起。

二、英语超音位的交际功能

超音位是比音位大的语音单位，包括重音、语调、停顿、节奏、音渡、联诵等，这些语音特征共同构成英语的“旋律”，具有辨别意义、传递信息的作用。在口语交际中，由重音、语调、停顿、节奏、语速等超音段音位携带的大量信息，都无法用文字的形式充分表达出来。

1. 运用停顿来强调效果

话语节奏也称停顿，可分为结构性停顿和情感性停顿两类。情感性停顿易于理解，这类停顿在交际中常用于表示犹豫或制造悬念，有增强语言艺术效果和感染力的作用。结构性停顿与句子意群的划分密不可分，借助意群形成的停顿可以正确展示句子的语义要点。例如：“The poor do not know how good / meat tastes.” 的意思是 “穷人不知道肉的味道有多好”；而 “The poor do not know how / good meat tastes.” 的意思是 “穷人不知道好肉的味道”。

因此，说话人在说话时可以刻意强调或弱化句中的某个单词或音节，从而达到强调重点的效果。比如说到要紧的地方，为了引起听话者的特别注意，可以略做停顿然后戏剧性地说出重要词语。例如："I must say this is disgusting."（我得说，这太恶心了。）如果在"disgusting"前略做停顿，强调效果就比较明显。

2. 运用音长来强调效果

英语中的长元音和辅音都可以延长，具有加强词义的作用。比如："loathe" [ləʊð] 一词，它本身的双元音 [əʊ] 就有足够的音长，再略加延长，就特别加强了它"憎厌"的词义；再如"fickle" ['fɪkəl] 一词，由于 [ɪ] 是一个较短的音素，且不易延长，于是人们就通过延长摩擦辅音 [f] 的方式，来突出其"轻浮"的词义。

3. 运用重音来强调效果

重音分为词重音和句重音，都有表情达意的功能，需要根据具体的语言使用情况来匹配对应的词重音或句重音。了解重音的使用特点，可以避免交际时出现障碍、引起误解或闹出笑话，从而发挥语言正常的交际功能。

首先，可以加强原有的重读音节来表示强调。如"exaggerate" [ɪg'zædʒəreɪt] 一词，当 [zæ] 读得较重时，容易使听话者加深对"夸大"的印象。

其次，可以额外增加一个重音来达到强调的效果，如将"until"（直到）、"unless"（除非）从通常的 [ʌn'tɪl]、[ən'les] 变成 ['ʌntɪl]、['ənles]；或将原有的次重音提高到主重音的强度，如"artificial"（人造的）一词通常读作 [ˌɑːtɪ'fɪʃl]，但在需要强调它的句子里可读作 ['ɑːtɪˌfɪʃl]。运用重音强调特殊效果时，首先要将词或句的重音放对，然后根据具体的强调意图来重置主重音和次重音的位置，其他音节也要发得从容自如、抑扬顿挫。

4. 运用语调来强调效果

语调是口头交际成功的必要条件。正如著名英语语音学家 Roger Kingdon 所说："语音是语言的躯体，而语调则是灵魂。"英语中不同的语调模式可以用来表明不同的态度或意思。一句话除了语法结构、词汇意义外，还有语调意义，即说话人运用语调表达的态度或语气。在口头交际中，语调模式使用不当会引起误解。为了在交际中正确理解他人所说的话，并正确表达自己的意图，我们就不能套用传统语调学习中的语调模式与句子语法结构的联系，而是应了解每种语调模式所表达的语气或语态，从而将其恰当地运用于具体的语句当中。

英语的基本语调包括升调和降调，两者还可以组合成降升调、升降调和升降升调等。不同的语调对应着不同的语义、语态和强调效果。下面列举三种由语调形成的强调效果。

第一种情况是人们在情绪激动时会不自觉地提高音量，从而通过赋予重点词较高的音响效果来突出其重要性。

第二种情况与第一种情况相反，当人们心情沉重或气愤的时候，会将重要的话用特别压低的音高来说，这同样也会达到突出的强调效果。

第三种情况是采用强弱对比以起到强调效果。在这类情况中，除了语调本身会发挥主要作用之外，还可以利用重音和音长作为辅助手段。

值得注意的是，无论采用什么方式，语音都必须结合语义，语调都必须结合语感。

三、英语语音歧义的文化呈现

对于西方文化的价值观、思维方式以及社会制度等方面的误解和偏差，不仅来自词汇、语法、句法的歧义，同样也来自语音的歧义。因此，从英语语音的歧义现象（同音异义、谐音、音渡、斯普纳首音误置、语音停顿和重音等）入手，也可以窥探出西方文化的一些特征。

1. 同音异义歧义

第一类是同音同形异义词。英语中有些单词的拼写和读音一样，但并不是同一个词，意思或词性都不尽相同。例如：light（光）——light（轻的），bark（吠）——bark（树皮），tear（眼泪）——tear（撕），lead（率领）——lead（铅），等等。利用这一现象可以故意制造歧义现象，从而达到语用目的。例如："We must all hang together, or we shall hang separately."这句话的意思是"我们必须团结在一起，否则我们个个都将被绞死"。这是美国独立战争时期著名政治家本杰明·富兰克林的一句名言，他利用"hang"这个同形同音异义词具有"团结"和"绞死"两种含义的特点，采用出其不意的表达方式，大大增强了句子的生动性和趣味性。这个歧义句的使用很好地反映了当时的社会背景，同时也加强了说话者对于团结的重要性的肯定。

第二类是同音异形异义词。在现代英语词汇中，同音异义词数量很多，这为歧义的产生提供了大量的素材。例如：aisle（通道）——isle（小岛），air（空气）——heir（继承人），bole（树干）——bowl（碗），caught（抓住）——court（法庭），等等。它们读音完全相同，但是拼写和意思不同。由同音异形异义词引发的歧义句子屡见不鲜。例如："Britain rules the waves, Mussolini waives the rules."（英国统治海洋，墨索里尼无视规则。）在这个句子中，"wave"本义是"海浪"，复数意为"海洋"；"waive"本义是"放弃"，引申为"蔑视"。这两个词同音异形异义，利用首尾倒置的句式加强语气，强烈地表达出了英国民众对于无法无天的法西斯独裁者墨索里尼的痛恨，以及对法西斯主义的尖锐讽刺。

2. 谐音歧义

谐音词指那些发音相似但拼写和意义不同的词，例如：fiscally（财政上）——physically（身体上），red（红色）——read（阅读），等等。这种现象也是产生谐音双关的常见手段。它可以使同一句话同时表达不同的意思，达到生动活泼、幽默诙谐或嘲弄讥讽的修辞效果。例如：

A: What do you call a deer with no eye?

B: I don’t know. So how to call it?

A: No eye deer.（No idea.）

在这个例子中，提问者利用“No eye deer”与“No idea”发音相似这一特点，制造出了诙谐幽默的效果。英语自身的语音特点导致语言中谐音词较多，因此在日常生活中，人们经常利用谐音现象产出幽默风趣的语言表达，增加对话的流畅度，同时这也体现出西方文化中的乐观和智慧。

3. 音渡歧义

音渡也叫连音，是音节或单词之间的停顿或连接。它指两个语段（单词、词组或句子）中包含的音素完全相同，但由于一些音素联结关系有别，从而表现出不同的语音特征，表示截然不同的意思。音节可以不带停顿地密切相连，称为“闭连音”；也可以彼此松散地相连，称为“开连音”。正因为如此，有时会出现一个语段同时有开连音与闭连音两种读法的情况，让人产生不同的理解，从而出现歧义。例如：I scream ['ai + skri：m]（我尖叫）——ice cream ['ais + kri：m]（冰淇淋）。

4. 斯普纳首音误置现象（Spoonerism）

斯普纳现象源于19世纪牛津大学一位名叫斯普纳（Spooner）的教授。他在牛津大学任教期间，经常把若干单词的辅音部分交错发音，说出十分有趣的句子。《每日邮报》列举了一个广为流传的首音误置的例子。斯普纳想对学生说：“You have missed all my history lectures, and were caught lighting a fire in the quad. Having wasted two terms, you will leave by the next down train.”（我的历史课你总是缺席，你在院子里放火被抓。你已经浪费了两个学期，先生，你赶紧乘下一趟下行火车离开牛津吧。）但由于斯普纳现象的作用，这句话听上去就变味了：“You have hissed all my mystery lectures, and were caught fighting a liar in the quad. Having tasted two worms, you will leave by the next town drain.”（你在我每节的神话课上都发出嘘嘘声，你在院子里和说谎者打架被抓。先生，你已经吃了两条虫子，你赶紧从城市下水道里离开牛津吧。）

通俗地说，斯普纳首音误置现象是由单词的辅音交错互换而形成的，也称为首音互换。这种语音口误在 17 世纪深受欢迎，这也从侧面反映出西方文化对于由文字失误造成的高级喜剧效果的喜爱。

5. 语音停顿歧义

停顿是节奏的特殊处理，是语流中声音的顿时中断，与音长有关。停顿可表达不同的意义。例如："John said the teacher is a fool." 会因为说话者不同的停顿而成为意思截然相反的两句话。一方面可理解为 "John said, the teacher is a fool."，即 "约翰说老师是傻子"；但另一方面，该句也可读为 "John, said the teacher, is a fool."，此时又变为 "老师说约翰是傻子"。

6. 重音歧义

就每个英语单词而言，重音的位置是固定的；但就整体的句子而言，则是自由的。重音位置不同，句子会有不同的含义，甚至会引起歧义。

例如："That's all I know."（那是我知道的一切），根据强调的侧重点的不同，该句可以有四种不同的含义："That's all I know."，重音的位置说明 "我" 所知道的是关于那件特定事情的一切；"That's all I know."，重音表明也许还有其他什么事，但这是 "我" 知道的一切；"That's all I know."，重音表示那是 "我" 所知道的一切，其他人也许知道得更多；"That's all I know."，重音强调 "我" 知道的只有那一些，也许还有其他我不知道的。

上述不同的语音现象所造成的歧义效果，可以直接或间接地反映出西方文化的历史沿革及其含义。在语言研究中，人们普遍认为语音与文化的关系最为疏远。然而文化语音学作为一门以解释为主的学科，通过对语音现象的具体描写去把握和说明语言的结构与语言的使用，是一种大胆的尝试。语音同语言一样有着多重属性，从不同的属性角度出发便会有不同的研究方向和结论。从文化语音学的角度去分析，可以看出语音不仅和语言机制、认知方式密不可分，而且和历史渊源、文化背景有着千丝万缕的联系。语音背后蕴含着不同的内涵，对于语音不同的使用方式也折射出不同文化背景下人们的价值观念和文化心理。因此，通过文化语音学的研究可以看出，文化的四个层面（即物态文化、制度文化、行为文化、心态文化）都与语音之间存在着错综复杂、相互影响的关系。

第三章　词汇与文化

从语言的视角来看，词汇与文化存在共生关系。语言是文化的载体，也是文化的重要组成部分。词汇作为语言的构成要素，映射着语言所负载的文化信息。不同民族特有的文化观念和现象可以通过词汇体现出来，特别是人类社会的隐性文化特征，更是可以通过词汇表达显现。语言与文化有着显著的共生性，而词汇是实现共生的重要语言载体。在构成语言系统的诸要素中，词汇与文化的关系最为密切，从其形态、意义、语用、认知等多个维度直接体现了语言的文化内涵。词汇在跨文化交流中起着重要作用，探究词汇所负载的文化内涵和意义是文化语言学的一个重要研究课题。

第一节　现代英语词汇系统

一、英语词的形态结构

1. 语素

一般认为，词是语言中能够独立表达意思的最小单位，但从结构上讲，词并不是最小的单位，因为许多词还可以分成更小的有意义的单位，也就是语素。语素是构成英语单词的最小功能单位。例如，“teacher”这个单词，从意义结构分析可以切分成“teach”和“-er”两个语素，且分别具有独立的意义和功能：“teach”表示“教”这一动作，“-er”表示动作发出者。

2. 语素变体

大多数语素由单个语素实现。语素与单词重合，独立存在，在句子中自由发挥作用，这类词被称为单语素词。例如，在“Tea is a kind of healthy drink.”和“I like tea very much.”这两个句子中，“tea”这个单词只包含一个语素，不能再切分，因此它既是一个语素，也是一个单词，分别独立在句子中做主语或宾语。有些语素根据其在单词中的位置由多个语素来实现，这样的变体称为语素变体。例如，在“teacher、artist、actor、musician”这四个单词中，后缀“-er、-ist、-or、-ian”都包含表示“人”或“某种职业”的意思，因此，这四个后缀就构成了“人”或“某种职业”的语素变体。

3. 语素类型

语素分为自由语素和黏着语素。独立于其他语素的语素被认为是自由的，这些语素本身具有完整的意义，可以作为自由的语法单位在句子中单独使用。它们与词根相同，因为每个词根都由一个自由词根组成，也可以说，自由语素就是自由词根。

不能作为单独的词出现的语素被称为黏着语素。之所以如此命名，是因为它们必须与其他语素结合在一起形成单词。黏着语素主要出现在派生词中，包括两种类型：黏着词根和词缀。黏着词根是单词中包含基本含义的部分，就像自由词根一样。与自由词根不同，它是一种黏着形式，必须与其他语素结合在一起才能构成词。在英语中，黏着词根一般是拉丁语或希腊语，比如“vad-”，意思是“走”，虽然不是一个独立的词，但与其他语素结合后，可形成许多不同的词语，如“evade、invade、pervade”等。虽然这类词根数量有限，但构词能力很强，它们在现代英语中产生了成千上万的派生词。词缀是附加在单词或单词元素上的形式，用来构成新词。几乎所有词缀都是黏着语素，因为很少有词缀可以作为独立的词来使用。

根据词缀的功能，我们把词缀分为屈折词缀和派生词缀两类。附加在词尾表示语法关系的是屈折词缀。例如，在“He worked as a teacher ten years ago.”这个句子中，“worked”一词包含了“work”和“-ed”两个语素，其中“-ed”表示“过去、动作已发生”这一语法意义，即“he”实施“work”这一行为发生在过去，表明了主语与谓语之间的语法关系。派生词缀是指加在其他语素上形成新词的词缀。例如，名词“friend”在词尾加上黏着语素“-ly”，可派生出形容词“friendly”。派生词缀又可分为前缀和后缀：前缀加在单词之前，后缀加在单词之后。例如，“happy”加上否定前缀可派生出单词“unhappy”，再加上副词后缀“-ly”可派生出副词“unhappily”。

二、英语词汇的构词类型 *

英语词汇可以根据不同的目的、按照不同的标准进行分类。现代英语词汇的构成主要有五种类型：转化法（conversion）、合成法（compounding）、缩略法（abbreviation）、逆构法（back formation）和缀合法（affixation）。

1. 转化法

转化法指一个词不用添加词缀就成为或转化为新词的派生方法。以动词“attack”为例（如“The enemy attacked us at night.”），它和名词“attack”（如“The enemy launched an attack on us at night.”）词形相同，但词性发生了转化，句法功能也发生了改变。名词“attack”可以看作是由动词“attack”转化生成的，由谓语动词变成了宾语名词。在描述词与词之间的转化时，由于没有屈折后缀作为判断依据，所以判断一个词是词根还是派生形式有一定的困难，通常把抽象名词和施动者名词看作派生名词（如“desire、answer、walk”等）。通过转化法产生的词主要是名词、形容词和动词。

（1）名词转化为动词

名词转化为动词是现代英语词汇中构词能力最强的构词法之一，可从语义角度将这类构词手段分为以下几种。

---

* 本部分内容主要参考黎进安、张怀建（2002），张涛、唐亦娟（2008）。

①V 表示"把……放在 N 所指的位置"。例如:

The corridor was **carpeted**.（在……铺了地毯）

This factory **cans** fish to be sent abroad.（把……装罐）

The newspapers **headlined** his long record of accomplishments.（把……当作头条新闻报道）

After the tiger was caught, it was **caged**.（把……关在笼子里）

A team of experts at Columbia is now **cataloguing** the tapes and indexing the transcripts, which will be available for scholarly research.（把……汇编成目录）

这种用法常见的词还有"bottle、corner、floor、garage、position、shelve"等。

②V 表示"给予 N"。例如:

They **sheltered** the orphans.（为……提供住宿）

The sweets are then **coated** with chocolate.（涂在……上）

Her eyes were **masked** by huge sunglasses.（遮盖）

这种用法常见的词还有"butter、commission、grease、muzzle、oil、plaster"等。

③V 表示"把 N 去掉"。例如:

Bill **weeded** the garden.（除草）

Would you **peel** me an apple please?（削皮）

He fell and **skinned** his knee.（擦破）

这种用法常见的词还有"core、dust、gut"等。

④V 表示"把 N 所指的对象用作一种与之有具体联系的工具"。例如:

I had to **elbow** my way through the crowd to have a close look at the goods.（用肘挤）

She **fingered** the soft silk.（用手感触）

He **braked** the car in vain；the brakes would not hold.（刹车）

这种用法常见的词还有“hand、fiddle、glue、knife ”等。

⑤ V 表示“充当名词的角色”。这里的名词可以是人、动物或无生命的物体。例如：

She **mothered** the orphan.（母亲般地照管……）

Tom **parroted** what the boss had said.（鹦鹉学舌……）

The incident **shadowed** their meeting.（给……蒙上阴影）

这种用法常见的词还有“chaperon、father、nurse、pilot、referee”等。

⑥ V 表示“使……变成 N”或“使……成为 N”。例如：

Please **cash** this check for me.（把……兑现）

A government study **targets** earnings from tourism at $140 million by 1980.（把……定为目标）

Occupations are **grouped** into separate categories.（将……分组）

这种用法常见的词还有“knight、cripple”等。

⑦ V 表示“用 N 送 / 去”。例如：

Will you please **mail** the parcel?（邮寄）

My bike is under repair，so I had to **bus** to the city this morning instead of **cycling**.（坐车；骑车）

Let me **motor** you to town.（用车运送）

这种用法常见的词还有“ship、telegraph、boat、canoe ”等。

（2）形容词转化为动词

形容词转化为动词可分为两种：一种是形容词用作动词，表达“使……Adj.”或“成为 Adj.”；另一种是形容词加上一个小品词派生出短语动词。例如：

The vast amounts of energy now expended in **warming** our surface surroundings when they are too cold, and **cooling** them when they are too warm, could be saved.（使……温暖；使……凉爽）

Nothing **dries** sooner than a tear.（变干）

This is considered an important way of **narrowing** the gap between the rich and the poor countries.（使……缩小）

The sea gradually **calmed down** as we steamed out.（平静下来）

Slow down before you reach the crossroads.（减速）

We put him on the bed to **sober up**.（清醒起来）

（3）动词转化为名词

在现代英语中，由动词形成的名词数量占英语词汇数量比例较小，而且使用范围也不广。从语义角度可以将这类词分为以下几种。

①转化生成的 N 可表示 V 对应的“状态”（一般为“思想状态”或“感觉状态”）、“事件 / 活动”或“V-ing 的方式”。例如：

He had a **desire** to be a scientist.（渴望）

Uncle Jeremy is a man of few **wants** and is happy with simple pleasures.（需求）

Her **love** for him never wavered.（爱）

The **fall** from his horse broke his leg.（跌落）

His act would always get a huge **laugh**.（笑）

His **release** was secured by the perseverance of his wife.（释放）

Refinery owners have already resorted to temporary **shutdowns**.（停工）

I can always recognize her by her **walk**.（走路的样子）

表示“状态”常见的词还有“dismay、doubt、smell、taste”等；表示“事件/活动”常见的词还有“attempt、hit、laugh、search、swim、walk-out、blow-out (of a tyre)”等；表示“V-ing 的方式”常见的词还有“throw、lie”等。

②转化生成的 N 可表示 V 的宾语、主语、工具、地点等。例如：

I made a great **find** in an old bookshop yesterday.（发现，指买到难得的书）

Several good **takes** were ruined by the surge of children into our working area.（指被拍摄的镜头）

We said that we wouldn’t be relying on **handouts** from anyone for our future.（施舍物）

Stop being a **bore**.（惹人厌烦的人或物）

He looks like a **tramp**.（流浪汉）

That boy is a **sneak** — he told the teacher what I had done.（告密者）

The cloth is a good **cover** for the table.（罩子）

There is no **cure** for the common cold.（特效药）

Use brown **polish** on these shoes.（亮光剂）

The road is full of sharp **turns**.（转弯）

The event became the **divide** between two eras of Chinese history.（分界线）

In this mountain **retreat** I would find the best climate in the country.（休养所）

表示 V 的宾语常见的词还有“answer、bet、catch”等；表示 V 的主语常见的词还有“a cheat（骗子）、a sneak（鬼鬼祟祟的人）、a coach（教练员)、a good kick(足球踢得很好的人)、a crack shot(神枪手)”等;表示 V 的工具常见的词还有“paper、wrap、wrench”等;表示 V 的地点常见的词还有“rise、lay-by、drive-in”等。

另外,有些动词加上词缀可派生为名词,如“repeat—repetition”“remove—removal”等,这类词与由转化法生成的名词形成一对同源、同类的词,这对词在意义或文体色彩上会存在一定的差异,但在意义上也会发生交叉现象,在使用中要注意区分。例如:“repeat”多指“重演”“重播”“重奏”或“重唱”,在口语中可作“重复”解;而“repetition”常作“重复”解。“remove”和“removal”均可作“移动”“搬家”解,但“removal”还有“解职”“排除”“切除”的意义,“remove”可作“学校中的升级”“程度”“阶段”解。“command”为“指挥”“指令”,“commandment”为“戒律”“圣训”;“combine”为“联合企业”“联合收割机”,“combination”为“联合”“结合体”;“exhaust”为“排出的气”“排气装置”,“exhaustion”为“筋疲力尽”;“divide”多指“分水岭”“分界线”,“division”则指“分开”“分歧”“分派”,但“divide”也可作“分歧”解,“division”也可作“分界线”解。从上面的例子可以看出,转化法具有相当强的构词能力,是一种非常重要的构词方式。

2. 合成法

合成法是把两个或两个以上的词按一定的次序排列构成新词的方法。用这种方法构成的新词叫作复合词(compound)。复合词可分为复合名词、复合形容词和复合动词三种类型。

(1)复合名词

复合名词的主要成分多半为名词,次要成分可以是各种词类。复合名词有六种常见的结构类型。

①名词 + 名词。例如:

newspaper(报纸)　　drugstore(药店、杂货店)

workshop（工作间）
gas station（加油站）
ice cream（冰淇淋）
atom bomb（原子弹）
lampshade（灯罩）
evening school（夜校）
feature film（故事片）

②形容词+名词。例如：

blacklist（黑名单）
deadlock（僵局）
deep space（外层空间）
grey matter（大脑灰白质）
supermarket（超市）
highway（高速）
blacksmith（铁匠）
background（背景）
highlight（图画、照片等中光线最强处；最精彩的场面）

③动名词+名词。例如：

packing house（牲畜屠宰加工厂）
melting pot（熔化炉）
launching pad（火箭等的发射台）

④名词+动名词。例如：

book-binding（装订）
gold-mining（金矿开采）
soul-searching（良心上的自我反省）
sun-bathing（日光浴）
shoe-making（制鞋）
rope-walking（走绳索）

⑤动词+名词。例如：

search party（搜索救援队）
hovercraft（气垫船）
cut-throat（凶手、谋杀者）
scatter-brain（轻浮的人、注意力不集中的人）

⑥动词词组。新生成的复合名词可以是原动词词组按顺序组合形成的。例如：

pickup（轻型货车）　　breakdown（故障）
setup（安排）　　takeoff（起飞）
drawback（缺点）　　breakthrough（突破、重大进展）
cutback（削减）　　takeover（接收）
runaway（逃跑者）

新生成的复合名词也可以是原动词词组的倒序组合。例如：

output（产量）　　outbreak（爆发）
downfall（坠落、毁灭）　　downpour（倾盆大雨）
outlook（景色、前景）　　outcome（结论）
input（输入）　　income（收入）

（2）复合形容词

复合形容词也有六种常见的结构类型。

①名词＋形容词。例如：

pitch-black（漆黑的）　　blood-thirsty（嗜血的）
airtight（密闭的）　　bone-dry（绝对禁酒的）
headstrong（任性的）　　duty-free（免税的）
drug-resistant（耐药的）　　newsworthy（有报道价值的）
class-conscious（有阶级意识的）　　sky-blue（天蓝色的）

②名词＋动词“-ing”形式。例如：

energy-consuming（消耗能量的）　　epoch-making（划时代的）

peace-loving（热爱和平的） breath-taking（惊人的）
labor-saving（省力的） record-breaking（破纪录的）

③名词 + 动词“-ed”形式。例如：

weather-beaten（饱经风霜的） blood-shot（充血的）
hand-made（手工的） self-educated（自学的）
snow-covered（白雪覆盖的） heart-broken（心碎的）
state-run（国营的） power-drunk（权迷心窍的）
blood-stained（沾了血的）

④副词 / 形容词 + 过去分词。例如：

well-known（出名的） much-handled（触摸过多的）
well-informed（消息灵通的） well-paid（报酬高的）
poorly-dressed（穿着不体面的） ill-advised（不明智的）
much-used（使用过多的） single-handed（独自的）
blue-eyed（蓝眼睛的） kind-hearted（好心肠的）
simple-minded（头脑简单的） double-faced（两面派的）
narrow-minded（心胸狭窄的） short-sighted（目光短浅的）

⑤数词 + 名词。例如：

three-month（三个月的） five-star（五星级的）
five-year（五年的） ten-mile（十英里的）

⑥由定语从句压缩成的复合形容词。例如：

a difficult-to-operate machine（一台难以操作的机器）
the still-to-be-made announcement（有待宣布的声明）

a never-to-be-forgotten film（一部令人难忘的影片）

not-so-strong football team（一个实力不太强的足球队）

a law-of-the-sea treaty（海洋法公约）

（3）复合动词

复合动词的意义通常可以根据组成部分的原义或转义演化而来。例如："dry-clean"（干洗）、"well-wish"（祝愿……有好运）、"firm-jaw"（板着脸）。但有些复合动词的意义不是从各成分的原义中直接引申出来的，不是各成分的简单叠加，例如："bootleg"（非法生产或销售）、"one-up"（胜……一筹）等。因此，理解复合动词的语义时，不能望文生义。

复合动词最常见的结构是"名词 + 动词"。例如：

daydream（做白日梦）　　sunbathe（晒日光浴）

babysit（照看小孩）　　mass-produce（大批量生产）

air drop（空投）　　shoplift（商店行窃）

heat treat（热处理）　　sleepwalk（梦游）

breast-feed（母乳喂养）　　nit-pick（找碴儿）

sweet talk（对……甜言蜜语）　　handwash（手洗）

chain-drink（一杯接一杯地喝）　　press-show（影片预映）

3. 缩略法

英语词汇主要有三种构词能力较强的缩略法：首字母拼音法、截成法和混合法。非正式性是它们共同的语义特征。

（1）首字母拼音法（acronym）

首字母缩略词是由构成一个名称的单词的首字母组成的。这种构词方法主要用于组织机构的名称（例如：APEC = Asia-Pacific Economic Cooperation，亚太经济合作组织）、机械装置或武器（例如：SLV = Satellite

Launching Vehicle，卫星运载火箭）、专业用语（例如：ESP = English for Special Purposes，特殊用途英语）、某类职称或头衔（例如：CEO = Chief Executive Officer，总经理），用以替代上文已提到的完整的词或词组。首字母缩略词有以下两种发音方式。

①按照字母的顺序和字母原本的读音读出。例如：

C.O.D. = cash on delivery（货到付款）

DIY = do-it-yourself（自己动手）

IOC = International Olympic Committee（国际奥委会）

IMF = International Monetary Fund（国际货币基金组织）

FBI = Federal Bureau of Investigation（美国联邦调查局）

MIT = Massachusetts Institute of Technology（麻省理工学院）

②按照英文单词的一般拼读规则读出，即把首字母缩略词看作一个单词。例如：

SALT = Strategic Arms Limitation Talks（限制战略武器会谈）

NATO = North Atlantic Treaty Organization（北大西洋公约组织）

Laser = Light Amplification Stimulated Emission Radiation（激光）

UNESCO = United Nations Educational, Scientific and Cultural Organization（联合国教科文组织）

WASP = White Anglo-Saxon Protestant（盎格鲁-撒克逊族裔的白人新教徒）

（2）截成法（clipping）

在非正式用法中，常把某些多音节词缩成一个音节，从而产生截成词。截成法一般可分为以下三种类型。

①截去词的尾部。例如：

ad = advertisement（广告）
demo = demonstration（演示）
expo = exposition（展览会）
pro = professional（专业人员）
gents = gentlemen's lavatory（男厕所）
pub = public house（酒店）
stereo = stereotype（立体声）

②截去词的首部。例如：

phone = telephone（电话）
plane = airplane（飞机）
chute = parachute（降落伞）
copter = helicopter（直升机）

③截去词的首部和尾部。例如：

flu = influenza（流感）
tec = detective（侦探）
fridge = refrigerator（冰箱）

（3）混合法（blending）

混合法就是把一个词或词的一部分与另一个词或词的一部分“组合”起来合成新词的方法。依据形态结构，混合法大致可分为以下四种类型。

①取第一个词的首部接第二个词的尾部。例如：

motel = motor + hotel（汽车旅馆）
Chunnel = channel + tunnel（英吉利海峡海底火车隧道）
brunch = breakfast + lunch（早午餐）
telecast = television + broadcast（电视广播）
smog = smoke + fog（烟雾）
bit = binary digit（位元，二进制中的一个单位）

②保持第一个词的原形，删去第二个词的首部。例如：

newscast = news + broadcast（新闻报道）

travelogue = travel + catalogue（旅行纪录片）

lunarnaut = lunar + astronaut（登月宇航员）

airtel = air + hotel（机场附近的旅馆）

faction = fact + fiction（纪实文学）

slimnastics = slim + gymnastics（减肥体操）

③保持第二个词的原形，删去第一个词的尾部。例如：

paratroops = parachute + troops（空降兵部队）

docudrama = document + drama（纪录片）

medicare = medical + care（医疗照顾方案）

helipad = helicopter + pad（直升机升降坪）

psywarrior = psychological + warrior（心理战专家）

telediagnosis = television + diagnosis（远程诊断）

④删去第一个词和第二个词的尾部。例如：

Interpol = International Criminal Police Organization（国际警察）

moped = motor pedal-cycle（电动自行车）

comsat = communications + satellite（通信卫星）

sitcom = situation + comedy（情景喜剧）

comint = communications + intelligence（通信情报）

sci-fi = science + fiction（科幻小说）

在现代英语中，很多合成词已经得到广泛使用，成为新构词的造词范例。例如：从“cheeseburger”（夹干酪肉三明治，cheese + burger）派生出“beefburger”（夹牛肉三明治）、“shrimpburger”（夹虾肉三明治）；从“motel”（汽车旅馆）派生出“botel”（汽艇游客旅馆，boat + hotel）、“aquatel”（水上旅馆，aquatic + hotel）；从“washeteria”（自助洗衣店，wash + cafeteria）派生出“candyteria”（自助糖果店）、“luncheteria”（自助小吃馆），等等。

4. 逆构法

逆构法与下一类缀合法正好相反，缀合法是借用词缀构成新词，而逆构法则是去掉被误认的后缀构成新词。例如：“televise”由“television”删去“-ion”逆构而成。利用这种构词手段创造的新词叫作逆生构词。逆构词多半属于动词，其原形词多为名词或形容词。

①名词→动词。例如：

pedlar → peddle（叫卖）

swindler → swindle（诈骗）

beggar → beg（乞讨）

donation → donate（捐赠）

editor → edit（编辑）

orator → orate（演说）

burglar → burgle（盗窃）

resurrection → resurrect（复活）

aggression → aggress（侵略）

caretaker → caretake（暂时看管）

free-association → free associate（自由联想）

automation → automate（使自动化）

escalation → escalate（逐步升级）

laser → lase（发出激光）

②形容词→动词。例如：

peevish → peeve（使生气）

gloomy → gloom（变阴暗）

cozy → coze（亲热友好地闲聊）

lazy → laze（偷懒）

greedy → greed（贪婪）

gruesome → grue（因害怕而发抖）

5. 缀合法

英语词缀主要有前缀和后缀两种。从语义功能看，前缀只改变词的意义，不改变其词类；而后缀不仅改变词的意义，而且使该词由一种词类转变为另一种词类。

（1）前缀法（prefixation）

①表示否定的前缀

"in-、im-、il-、ir-"表示"not""the converse of"。例如：

inefficient（无效率的） infrequent（不频繁的）

improper（不合适的） impossible（不可能的）

illiterate（文盲的） irregular（不规则的）

"non-"表示"not""the lack of""the opposite of"。例如：

nonaggression（不侵犯） nonconductor（绝缘体）

nonsense（废话） nonsmoker（不抽烟的人）

nonfiction（非小说的散文文学） nonviolent（非暴力的）

nonproductive（非生产性的） nonexistent（不存在的）

nonstop（直达的）

"un-"表示"not""the converse of"。例如：

unpleasant（使人不愉快的） unemployed（无工作的）

unconcerned（漠不关心的） unsuccessful（不成功的）
unhappily（难过地） undo（复原）
unsay（撤回） unload（从……卸下）

②表示倒序或否定的前缀

“de-”表示“reversing the action”。例如：

decentralize（使分散） defrost（除霜）
desegregate（废止种族隔离） deescalate（使逐步降级）

“dis-”表示“reversing the action”“not”。例如：

disappear（消失） discount（打折）
disagreement（不一致） disadvantage（不利条件）
disobey（不服从） disorder（杂乱）
disloyal（不忠的）

③表示轻蔑的前缀

“mal-”表示“badly”“bad”。例如：

maltreat（虐待） malformed（畸形的）
malfunction（故障） malnutrition（营养不良）

“mis-”表示“wrongly”“astray”。例如：

mislead（误导） misbehavior（品行不端）
mispronounce（发音错误） misunderstanding（误解）
misdeed（恶行） misprint（误印）

“pseudo-”表示“false”“imitation”。例如：

pseudoclassicism（仿古典主义） pseudograph（伪作）
pseudomorph（伪形） pseudonym（笔名）

④表示程度或尺度的前缀

"co-"表示"joint（ly）""on equal footing"。例如：

coeducation（男女同校教育制） coheir（共同继承人）
copilot（副驾驶员） cohabit（同居）
cooperate（合作）

"mini-"表示"little"。例如：

minibus（小型公共汽车） minicab（小型出租车）
minibar（迷你吧）

"over-"表示"too（much）"。例如：

overanxious（过于焦虑的） overpopulation（人口过剩）
overcrowd（使过度拥挤） overwork（操劳过度）
overcharge（要价过高）

"sub-"表示"under""lower than""further"。例如：

subconscious（潜意识） subcommittee（小组委员会）
substandard（不达标的） sublevel（次能级）
subaverage（低于平均水平的）

"super-"表示"more than""very special"。例如：

supernatural（超自然的） supermarket（超市）
superman（超人） supersensitive（超敏锐的）

⑤表示方位和态度的前缀

“anti-”表示“against”。例如：

antiwar（反战的）　anti-imperialist（反帝国主义的）
antimissile（反导弹的）　anti-music（非正统派音乐）
anti-poet（非正统派诗人）

“counter-”表示“in opposition to”“in return”“corresponding”。例如：

counteract（抵制）　countermeasure（反措施、反抗手段）
countercharge（反诉）　counterculturist（反主流文化者）
counterattack（反攻）　counterpart（职位或作用相当的人或物）

⑥表示时间和顺序的前缀

“ex-”表示“former”。例如：

ex-president（前总统）　ex-serviceman（退役军人）
ex-husband（前夫）

“fore-”表示“before”“beforehand”。例如：

forecast（预测）　foregoing（先前的）
foresight（先见之明）　foretell（预言）
forerunner（先行者）　forefather（祖先）

“post-”表示“after”。例如：

post-war（战后的）　postelection（选举后的）
postclassical（古典时期以后的）　postgraduate（大学毕业后的）

“pre-”表示“before”。例如：

pre-war（战前的） pre-school（学前的）
pre-marital（婚前的）

“re-”表示“again”。例如：

recall（回忆起） reassemble（重新召集）
reconsideration（再考虑） rearrangement（重新安排）

⑦表示数字的前缀

“bi-”表示“two”“having two”。例如：

bimonthly（每两月一次的） bilateral（双边的）
bilingual（双语的）

“poly-”“multi-”表示“many”。例如：

polyglot（通晓数种语言的人） polygon（多边形）
polygamy（一夫多妻制） multilateral（多边的）
multiracial（多种族的） multi-purpose（多功能的）

“semi-”表示“half”“partly”。例如：

semicircle（半圆） semiconductor（半导体）
semiskilled（半熟练的）

“mono-”“uni-”表示“single”“having one”。例如：

monoxide（一氧化物） monosyllable（单音节词）
monolingual（单语的）

“pent（a）-”表示“five”。例如：

pentagon（五角形） pentahedron（五面体）
pentathlete（五项全能运动员） pentathlon（五项全能运动）

“dec（a）-”表示“ten”。例如：

decathlon（十项全能运动） decade（十年）
decathlete（十项全能运动员） decagram（十克）
decametre（十米）

（2）后缀法（suffixation）

①名词后缀

a. 由名词派生名词的后缀

• “-dom”表示“domain”“realm”“condition”。例如：

freedom（自由） kingdom（王国）
martyrdom（殉教） boredom（无聊）
officialdom（官僚作风）

• “-eer”表示“skilled in”“engaged in”。例如：

mountaineer（登山者） auctioneer（拍卖商）
engineer（工程师） profiteer（投机者、奸商）
pamphleteer（撰写小册子的人） racketeer（勒索者）

• “-ful”表示“the amount or number that will fill”。例如：

mouthful（满嘴） armful（满怀）
basketful（满篮） spoonful（一勺）
handful（一把） pocketful（一满口袋）

• “-ship” 表示 “status” “condition”。例如：

fellowship（奖学金） relationship（关系）
membership（会员资格） authorship（作者身份）
leadership（领导地位） dictatorship（专政）

b. 由形容词派生名词的后缀

• “-ity” 是一个很常见的后缀，用来从形容词词根构成抽象名词。例如：

sanity（神志正常） falsity（不真实）
rapidity（迅速） diversity（不同）
banality（陈腐） respectability（体面）
actuality（现实） regularity（规律性）

• “-ness” 可以相当自由地加到任何一类形容词上。例如：

carelessness（粗心） happiness（幸福）
usefulness（有用） kindness（善良）
selfishness（自私） unexpectedness（意外）

c. 由动词派生名词的后缀

• “-al” 表示 “the action or result of”。例如：

arrival（抵达） refusal（拒绝）
removal（移动） survival（残存）
signal（信号）

• “-ant” 是施动者的常用形式。例如：

inhabitant（居住者） contestant（竞争者）

participant（参与者） lubricant（润滑油）

• “-ee” 表示 “one who is the object of the verb”。例如：

absentee（缺席者） refugee（逃难者）
employee（雇员） nominee（被提名者）

• “-er/or” 构成施动者名词。例如：

creator（创造者） survivor（幸存者）
driver（司机） singer（歌手）
actor（演员） supervisor（管理员）

• “-age” 表示 “action of” “instance of”。例如：

coverage（所包括的范围） drainage（排水系统）
shrinkage（缩减） leverage（杠杆作用）

• “-tion/ation/ition” 表示 “the process or state of” “the product of”。例如：

protection（保护） completion（完成）
examination（考试） consideration（考虑）
organization（组织） starvation（饥饿）
recognition（承认） foundation（基础）

• “-ment” 表示 “the result of”。例如：

arrangement（安排） amazement（惊异）
announcement（宣布） management（管理）
employment（雇佣） entertainment（娱乐）

②动词后缀

英语中常见的动词后缀只有几个，其中只有“-ize”构词能力最强。

• “-ate”主要与名词词根结合。例如：

orchestrate（编配管弦乐曲）　laminate（制成薄片）
hyphenate（用连字符连接）

• “-en”与形容词结合。例如：

deafen（使聋）　sadden（使悲伤）
tauten（拉紧）　quicken（使加快）
ripen（使成熟）　widen（使变宽）
harden（使变硬）　broaden（使变宽）

• “-ify”与形容词和名词结合。例如：

simplify（使简化）　amplify（扩大）
codify（编纂）　beautify（使美丽，美化）
identify（辨认）　electrify（使通电）

• “-ize”可自由地与形容词和名词结合。例如：

modernize（使现代化）　symbolize（象征）
civilize（使文明）　commercialize（使商业化）
centralize（使集中）　equalize（使相等）
socialize（使社会化）

③形容词后缀

a. 由名词派生形容词的后缀

• “-ed”表示“having”。例如：

simple-minded（头脑简单的）　blue-eyed（蓝眼睛的）
odd-shaped（奇形怪状的）　blonde-haired（金发的）

• “-ful”表示“full of”“providing”。例如：

useful（有用的）　meaningful（有意义的）
careful（认真的）　doubtful（怀疑的）
successful（成功的）　helpful（有帮助的）

• “-ish”表示“somewhat like”。例如：

childish（幼稚的）　foolish（愚蠢的）
snobbish（势利眼的）

• “-less”表示“without”。例如：

careless（粗心的）　useless（无用的）
meaningless（无意义的）　harmless（无害的）
homeless（无家可归的）

• “-like”表示“be similar to”。例如：

childlike（孩子似的）　monkeylike（猴子似的）
statesmanlike（政治家似的）

• “-ly”表示“having the qualities of”。例如：

friendly（友好的）　motherly（慈母般的）
brotherly（兄弟般的）　cowardly（胆小的）
daily（每天的）　weekly（每周的）

b. 由动词派生形容词的后缀

• "-able" 表示 "of the kind that is subject to being V-ed"。例如：

acceptable（能接受的） washable（能洗的）
drinkable（能喝的） manageable（可管理的）
inevitable（不可避免的） visible（可视的）

• "-ive" 表示 "having the nature of" "tending to"。例如：

attractive（有吸引力的） effective（有效的）
possessive（占有欲强的） productive（多产的）
explosive（爆炸性的） expansive（广阔的）

④副词后缀

• "-ly" 使用非常广泛，多加在形容词后，表示 "in a…manner / respect " 或 "to…a degree"。例如：

personally（亲自地） calmly（平静地）
extremely（极端地） evidently（明显地）
kindly（好心地） eagerly（急切地）
sincerely（真诚地） simply（简单地）

• "-wise" 可用于表示方式、尺度。例如：

clockwise（顺时针方向的） crabwise（横行的）
crosswise（成十字形地）

但是它用得最多的是表示 "在……方面"，相当于 "as far as…is concerned"。例如：

weatherwise（就天气而言） educationwise（就教育而言）

taxwise（就税收而言）　　　curriculumwise（就课程而言）

构成的新词在句中做状语，相当于“so far as...is concerned”。例如：

Dollarwise, business is better than ever — but not so good profitwise.（从成交的美元数额来看，生意确是比过去兴隆了；但是从利润方面来看，情况不见得比过去好。）

“The trouble wasn’t all that serious, figurewise,” said Mr. Gyllenhammer.（吉伦哈默先生说：“从数字上来看，问题没有那么严重。”）

第二节　现代汉语词汇系统 *

现代汉语词汇是指汉民族共同语中一切词语的总和。现代汉语词汇系统是在长期的历史发展过程中形成的，它继承了古代汉语和近代汉语词汇，吸收了不同民族、不同地域、不同行业的词语，并且为适应社会发展及交际的需要创造了大量新词。

一、汉语词的构成

（一）语素

1. 语素的定义

语素是语言中最小的音义结合体，也是最低一级的语法单位。所谓“音义结合”，是指具有固定的语音形式，并且在语言中代表一定的意义。所谓“最小”，是指不能把语素分成更小的音义结合体。例如，“伟大”由“伟”和“大”两个语素构成，它们各自都是最小的语音、语义相结合的语言单位，不能分得更小。又如，“逍遥”一词由一个语素构成，如果分成“逍”和“遥”两个更小的单位，它们就只是两个没有意义的音节，因此，“逍遥”

只是一个语素。再如，“马达”一词是由一个语素构成的音译外来词，指“电动机”，如果分成“马”和“达”两个更小的单位，就成为两个没有意义的音节。这里的“马”与“牛马”的“马”没有关系，只是用一个汉字记录了一个音节。由此可见，汉字和语素不是一回事。汉字是记录汉语的书写符号，它既可以记录一个语素，如“牛”“马”“伟”“大”；也可以记录一个没有意义的音节，比如“马达”中的“马”“达”、“逍遥”中的“逍”“遥”等。这里所谓的“有意义”，不但指比较具体的词汇意义，而且也包括某些语法意义和某些具有构词作用的意义。

2. 语素的分类

语素可以根据不同标准分类。按照音节的数量，语素可以分为单音节语素和多音节语素；按照意义的虚实，语素可以分为实语素和虚语素；按照功能，语素可以分为成词语素和不成词语素。当然，同一个语素可以分别属于不同的类别。

（1）单音节语素和多音节语素

由一个音节构成的语素是单音节语素，它是汉语语素的基本形式。现代汉语的语素多数是从古代汉语的单音节词演变而来的，如“人”“民”“天”“地”等等。现代汉语主要就是靠这些单音节语素衍生出了成千上万的词语，满足了人们交际的需要。由两个或两个以上音节构成的语素是多音节语素，如“马达”“葡萄”“巧克力”“托拉斯”“奥林匹克”“歇斯底里”“布尔什维克”“英特纳雄奈尔”等等。这些语素如果再细分，将成为一些没有意义的音节，只有几个音节合起来才能表示一定的意义，这是多音节语素的特点。三音节以上的语素比较少，一般都是纯音译的外来语素。双音节语素较多，其中也有一些是纯音译的外来词，如“吉普”“扑克”“幽默”“菩萨”等等。还有一些是古汉语遗留下来的联绵词。联绵词有双声、叠韵和其他三类。前后两个音节声母相同的是双声，如“蜘蛛”“喽啰”“秋千”“琉璃”；前后两个音节韵母相同的是叠韵，如“从容”“苗条”“烂漫”“逍遥”；也有其他非双声叠韵的，如“玛瑙”“杜鹃”“妯娌”“芙蓉”。

（2）实语素和虚语素

有实在意义的语素是实语素，没有实在意义的语素是虚语素。比如“春”“夏”“秋”“冬”，这几个语素的意义都比较实在，是实语素；而“了”“的”“老（虎）”“（花）儿”等没有实在的意义，是虚语素。现代汉语的虚语素有许多是从实语素虚化而来的，并且保留了实语素的同形形式，在有些场合是实语素，而在另外一些场合又是虚语素，要注意区分。一般来说，除了看意义是否实在、具体外，还可以根据位置来区分。虚语素的位置比较固定，是定位语素；而实语素的位置比较灵活，是不定位语素。例如，虚语素“了”总是跟在动词后面表示时态，“老虎”的“老”总是放在其他语素前面表示某种附加意义。如果出现在其他位置上，就不是虚语素，而是实语素，比如“了结”和“老人”中的“了”和“老”。

把语素分为实语素和虚语素，有助于认识语素本身的意义及分析词的结构，也可以把语素的语法分类同词的语法分类结合起来，以便于说明语素的语法意义和语法形式的特点。

（3）成词语素和不成词语素

根据能不能独立使用，可以把语素分为成词语素和不成词语素。“独立使用”指可以单独回答问题、充当句子成分或表达某些语法意义。如“人”“水”“山”“河”“高”“大”“说”“笑”“葡萄”“法兰西”等等，都可以单独回答问题或充当句子成分，可以独立使用。而“的”“了”“被”等，虽然不能单独充当句子成分或回答问题，但是可以表达语法单位之间的某些语法关系或语气、时态等语法意义，也是可以独立使用的。比如，可以组合成“他的书”“吃了”“走了”“被他（拿走了）”等，“的”表示“他”和“书”之间的领属关系，“了”表示“吃”和“走”两个动作的完成，“被”引出“拿走”这个动作的施事者，等等。可以独立使用的是成词语素，成词语素本身就是词。有的成词语素还可以和别的语素构成别的词。例如，“人”

既可以单用，也可以和其他语素组成“人道”“人性”“人为”“人物”等词，但是只要它在某种情况下可以独立使用，它就是成词语素。在任何情况下都不能独立使用的是不成词语素，如“语”“伟”“固”等。许多不成词语素在古代汉语中曾经作为词独立运用，但在现代汉语中不能单独充当句子成分或回答问题，例如，不能说“这道门很固”，“固”必须和其他语素组合成“牢固”“坚固”等词。

（二）词和词的构成

1. 词的定义

词是能够独立运用的最小的音义结合体。词在语言中也代表一定的意义，具有固定的语音形式，能够独立运用。词和语素的区别是：语素不一定能够独立运用，而词能够独立运用。也就是说，语素中的成词语素就是词。

一般情况下，确定什么是词并不困难。只要是有一定的语音形式和意义，能够独立运用的最小语言单位，就可以确定是词。例如，“塑造美的心灵”由四个词组成，每个词都有一定的语音形式，即“sùzào/měi/de/xīnlíng”；每个词都有一定的意义，“塑造”表示“培养和造就”，“美”在这里表示“崇高、高尚”，“心灵”表示“内心的精神、思想”，“的”表示“美”和“心灵”之间的修饰关系，也是有意义的。这里的每个词都能够独立运用，又都不能再分成更小的能够独立运用的单位，因此它们都是词。

但是，一些双音节词和短语还是存在一个划界问题。例如，“钢笔”“白菜”“黑人”是词，而“钢刀”“白布”“黑猫”是短语。区别的方法有两个：一是看中间能不能插入其他语言成分。词是能够独立运用的最小音义结合体，语素之间结构紧密，不能插入其他语言成分，如不能说成“钢做的一支笔”“白颜色的一棵菜”；而短语是词和词按照一定的语法规则临时组合起来的语言成分，结构关系松散，中间可以插入其他语言成分，如可以说“钢打的一把菜刀”“白颜色的一块卡其布”“黑颜色的一只猫”等。二是看有没有语素意义以外的新义。词义一般都有语素意义以外的整体意义，不是语素意义的简单相加。例如，“钢笔”不是“钢”和“笔”两个语素意义的简单相加，而是凝固了新的整体意义，指一种“笔头用金属制成的笔”；“白菜”也不是“白”和“菜”两个语素意义的简单结合，而是专指一种叶子大、花淡黄的普通蔬菜；“黑人”也不是“黑”和“人”两个语素意义的加合，而是专指属于黑色人种的人，白种人即使晒得再黑也不能叫黑人。短语义一般没有语素意义以外的新义，如“钢刀”“白布”“黑猫”就是语素意义的简单相加。

2. 词、语素和字的关系

词和语素都是音义结合的语言单位，但是词的语音形式和意义都比语素明确且清晰。语素的基本作用是构词，不一定能够单独运用；而词的基本作用是造句，都能够单独运用。

文字是记录语言的书写符号，是书写单位。汉字是记录汉语的书写符号，当然也可以记录语素和词，但是它们之间并不是一一对应的。有时候一个汉字记录一个成词语素，如“山、水、吃、看、高、矮”等，它们既是词，又是语素，这时字、语素和词是对应的；有时候一个汉字记录的是不成词语素，如“伟、语、茫、击”等，它们不能作为词来使用；有时候一个汉字记录的既不是词也不是语素，而是一个没有意义的音节，如“翩、嵘、忐、枇”等；有时候是几个汉字记录一个词或语素，如多音节语素“巧克力”“奥林匹克”等；还有的时候，同一个汉字记录的是不同的词和语素，如“白字”（字形、字音错误）、“白跑”（没有效果）、“表白”（陈述）中的三个“白”，意义上没有联系，是同音同形语素。此外，还有几个汉字记录同一个词和语素的情况，即异体字记录的词和语素，如“於”和“于”、“彬”和“斌”等。汉字、语素和词的关系比较复杂，也比较重要。上面的例子只是说明，不能简单地把汉字同语素、词等同起来。汉字记录的是什么语言单位，要根据具体语言环境来确定。比如汉字“油”，在“买一瓶油”中记录的是一个词，在“石油”“菜油”中记录的是一个语素，而在“绿油油”中记录的只是一个没有意义的音节。又如汉字“沙”，在“一车沙”

中记录的是一个词，在“豆沙”“沙漠”中记录的是一个语素，而在“沙发”“沙龙”这些外来词中记录的就只是一个没有意义的音节。

3. 词的构成

根据构成一个词的语素的数量，可以把词分为单纯词和合成词。由一个语素构成的词叫作单纯词，由两个或两个以上的语素构成的词叫作合成词。

（1）单纯词

单纯词由一个语素构成，它没有内部结构上的组合，但从语音形式上仍可以分为单音节词和多音节词。

所有的单音节词都是单纯词，如“人、书、天、地、看、写、吃、喝、冷、热、好、坏、的、了、把、被”等。多音节单纯词包括前面提到的联绵词和纯音译的外来词，还包括两个相同的音节重叠构成的叠音词，如“往往、姥姥”等。

（2）合成词

合成词由两个或两个以上的语素构成。构成合成词的语素中，体现词的基本意义的实语素叫作词根或者词根语素，不体现词的基本意义的虚语素叫作词缀或词缀语素。例如，在“伟大”一词中，“伟”“大”都是体现词的基本意义的实语素；而在“老虎”“老鼠”“盼头”“木头”“花儿”这些词中，只有“虎”“鼠”“盼”“木”“花”体现了词的基本意义，是实语素、词根语素，“老”“头”“儿”没有实在意义，只是参与构词并体现一些附加意义，是词缀语素。

词缀语素一般可分为前缀、后缀、中缀三种。

附加在词根前边的词缀叫前缀，如“阿”（阿姨、阿妹）、“老”（老虎、老师）、“可”（可怜、可笑）等。

附加在词根后边的词缀叫后缀，如“子”（桌子、刷子）、“儿”（棍儿、碗儿、盖儿）、“头”（木头、甜头）等。

加嵌在词根中间的词缀叫中缀，如“里”（糊里糊涂、古里古怪、傻里傻气）等。

根据词根和词缀的不同组合情况，合成词可以分成复合式、附加式和重叠式三种类型。

①复合式

指由两个不同的词根语素组合在一起构成的词。从两个词根语素之间的结合方式来看，可以分为以下几种：

• 联合式。由两个意义相同、相近、相关或相反的词根语素并列组合而成。例如：

a. 思想、智慧、学习、道路、选择

这一组词是由两个意义相同或相近的语素组合而成的，组合起来的新词的意义和各语素的意义相同或者有密切关系。

b. 反正、横竖、矛盾、东西、左右

这一组词是由两个意义相反的语素组合而成的，词的意义与语素的意义基本无关。

c. 眉目、口舌、手足、领袖、骨肉

这一组词是由两个意义相关但不相同的语素组合而成的。词的意义和语素的意义虽有一定的联系，但组合后构成另外一种新的意义。

d. 国家、窗户、人物、干净、质量

这一组词都是两个语素中的一个占优势，保留着字面的意义，另一个则意义变弱，甚至完全失去原义。

e. 呼吸、收发、开关、买卖、利害

这一组词由意义相反的语素组合而成，其意义是两个语素的意义的组合。

• 偏正式。前一词根语素修饰、限制后一词根语素，词的意义以后一个语素的意义为主。例如：

重视、笔直、雪白、火车、铁路、晚稻、越剧、黑板、
函授、冰糕、课桌、计算机、信号弹、避雷针、巡洋舰

偏正式合成词在现代汉语中是最多的。

• 补充式。后一词根语素补充说明前一词根语素，词的意义以前一个语素的意义为主。例如：

a. 说明、提高、打开、抓紧、缩小、扩大

这一组词前一个语素表示动作，后一个语素补充说明前一个语素的结果。

b. 纸张、车辆、马匹、房间、枪支

这一组词前一个语素是事物，后一个语素表示事物的单位。

• 支配式。前一个词根语素表示动作行为，后一个语素是动作行为所涉及的事物。例如：

举重、司机、起草、顶针、冲锋、将军

• 陈述式。前一个词根语素表示被陈述的事物，后一个词根语素陈述前一词根语素。例如：

地震、心细、兵变、国营、月亮、面熟、
年轻、民主、自卫、肉麻、日食

② 附加式

由词根语素和词缀语素组合而成的词。这一类又可分为以下几种情况：

• 词缀 + 词根。例如：

老虎、老师、阿哥、阿姨、第一、可靠

• 词根 + 词缀。例如：

桌子、石头、念头、花儿、党性、现代化

• 词根 + 叠音词缀。例如：

红彤彤、白茫茫、干巴巴、笑嘻嘻、绿油油、血淋淋

③重叠式

由两个相同的词根语素重叠而成的词。例如：

爸爸、妈妈、姐姐、刚刚、常常

二、现代汉语词法系统

（一）现代汉语构词系统

现代汉语构词可分为单纯词与合成词两类。单纯词有单音节词、双音节的联绵词、多音节的音译词等；合成词可划分为复合式、附加式、重叠式等。（见表 3-1）

表 3–1　现代汉语构词系统

<table>
<tr><td rowspan="8">单纯词</td><td colspan="2">单音节</td><td>人、手、口、马</td><td rowspan="8">合成词</td><td rowspan="5">复合式</td><td>联合</td><td>教授、灯火、互相、奇怪</td></tr>
<tr><td rowspan="4">双音节</td><td>双声</td><td>伶俐、忐忑、仿佛</td><td>偏正</td><td>雪白、皮鞋、冰糖、旅客</td></tr>
<tr><td>叠韵</td><td>灿烂、从容、汹涌</td><td>补充</td><td>立正、扩大、说明、布匹</td></tr>
<tr><td>非双声叠韵</td><td>蝙蝠、芙蓉、珊瑚</td><td>支配</td><td>出席、注意、顶针、围腰</td></tr>
<tr><td>音译</td><td>咖啡、沙发、夹克</td><td>陈述</td><td>地震、神往、年轻、耳鸣</td></tr>
<tr><td colspan="2">多音节</td><td>巧克力、奥林匹克</td><td rowspan="2">附加式</td><td>前附</td><td>老师、老乡、阿哥、第三</td></tr>
<tr><td colspan="2" rowspan="2">叠音</td><td rowspan="2">太太、潺潺、翩翩</td><td>后附</td><td>桌子、石头、花儿、下巴</td></tr>
<tr><td colspan="2">重叠式</td><td>妹妹、刚刚、仅仅、常常</td></tr>
</table>

（二）现代汉语词类系统

现代汉语的词按其语法特征、语法功能可划分为虚词和实词两大类；再依据各自充当句子成分的特点可划分出副词、介词、名词、动词、形容词等12小类。（见表3-2）

表3-2 现代汉语词类系统

词类			例词
虚词	副词	表示程度	很、太、更、非常
		表示范围	全、都、也、只
		表示时间	已、正、才、将
		表示频率	又、再、时常、往往
		表示语气	究竟、难道、何必、到底
		表示情貌	欣然、恍然、忽然、渐渐
	介词	表示起止	从、由、自从、到
		表示方向	朝、向、沿着、顺着
		表示处所	在、到、从、至
		表示时间	在、于、从、至
		表示对象	把、对、对于、关于
		表示目的	为、为了、为着
	连词	连接词和短语	和、同、及、以及
		连接句子	不但、而且、虽然、如果
	助词	结构助词	的、地、得、所、似的
		动态助词	了、着、过
		语气助词	的、了、吗、吧、呢
	叹词		啊、哎、呸、喂
	拟声词		砰、轰隆、哗啦啦

续表

词类			例词
实词	名词	具体名词	牛、树、同志、诸葛亮、呼和浩特
		抽象名词	教育、风格、友谊、事务
		时间词	汉朝、明天、今年、立冬
		方位词	东、中、里、上、前面
	动词	表示动作、行为	看、听、笑、批评、打听
		表示存在、变化	有、存在、扩大、成为
		表示心理活动	想、爱、怕、打算、注意
		表示使令	使、让、叫、请、派
		表示趋向（趋向动词）	来、去、起来、下去、过来
		表示可能、意愿（能愿动词）	能够、会、愿意、肯、应该
		表示判断（判断词）	是
	形容词	表示性质	高、好、小、美丽、优秀
		表示状态	迅速、匆忙、愉快、急躁
	数词	表示确数	一、二、百、千
		表示概数	几、一些、许多、少数
		表示序数	第一、初五
	量词	表示物量	尺、斤、只、对、件
		表示动量	趟、次、回、遍
	代词	人称代词	我、你、我们、他们
		疑问代词	谁、什么、怎样、哪里
		指示代词	这、那、这里、那么

（三）现代汉语词汇的构成

现代汉语词汇主要包括基本词汇和一般词汇两部分。基本词汇的个体是基本词，一般词汇又可根据不同来源分为古语词、方言词、外来词、专门术语和行业语等。此外，现代汉语词汇中还有一类是熟语，即语言中常用且已定型的固定短语。

1. 基本词汇

基本词是语言中使用最广泛、历史最悠久、构词能力最强的词。斯大林在《马克思主义和语言学问题》中说："语言的词汇中的主要东西就是基本词汇"，"基本词汇比语言的词汇少得多，可是它的生命却长久得多，它在千百年的长时期中生存着，并且为构成新词提供基础"。[①]

基本词是民族共同语中使用最频繁、生活中最必需的词，它的词义为人们所共同理解，因此无须多加解释。例如：

关于自然界的：天、地、日、月、风、花、雨、雪、鸟、虫

关于人体各部分及性别的：人、手、脚、头、牙、心、男、女

关于动作、行为、情绪的：走、跳、跑、说、吃、喝、生、死、想、爱、喜、怒

关于亲属关系和指代的：父、母、兄、弟、姐、妹、夫、妻、你、我、这、那

关于生产和生活用品的：牛、马、锄、刀、火、针、线、布

关于性质状态的：红、白、冷、热、好、坏、大、小、轻、重

关于时间、处所、方位的：春、夏、年、月、日、早、晚、上、下、内、外、北、前

关于数量和单位的：一、二、三、十、百、千、个、本、匹、条

关于语气程度的：啊、呢、吗、吧、的、很、最、大、极

---

① 斯大林《马克思主义和语言学问题》，载《斯大林选集》（下卷），北京：人民出版社，1979年，第515页。

基本词具有全民性、稳固性和能产性三个主要特点。

全民性是说基本词反映的是社会生活最必需的一些内容，使用面最广，使用率最高，不分阶级、职业、文化程度等，为全民所共同使用。

稳固性是说基本词反映的内容大多是社会和自然界始终存在的客观事物，指称这些对象的词具有悠久的历史，词义也没有太大的变化。

能产性指基本词可以作为构成新词的材料，在基本词的基础上可以大量产生新词。社会的发展要求词汇中不断增加新词。新词构成的主要方式是利用已有的语言材料，用复合的方式产生。比如现代汉语中以基本词“火”为语素构成的新词就有 200 多个，如“火把、火并、火暴、火柴、火场、火车、火成岩、火锅、火花塞、火烧布、火箭、火警、火力、火镜、火轮、火炮、火枪、火山、火网、火线”等等。

一般认为，在基本词的三个特点中，能产性是最重要的特点。构词能力强，说明它是稳固的、有较强的生命力；同时它的词义一定为人们所普遍理解，这往往又能显示它的全民性。

当然，基本词的三个特点是就其整体而言的，并不是说每个基本词都必须同时具备这三个特点，比如代词“你、我、这、那”和语气词“啊、呢、吗、吧”就不具备能产性的特点。此外，稳固性也不能理解为一成不变，如“脸”在古代的意义是“目下颊上”的地方，故有“笑从双脸生”之说，现在已指整个面部。虽然词的意义已经有了发展变化，但它仍属于基本词。

2. 一般词汇

在词汇系统中，基本词汇以外的词汇就是一般词汇。一般词汇的稳固性和能产性不如基本词汇，经常处于变动之中，但是数量大，涉及范围广。新造词都是一般词。

基本词汇和一般词汇关系密切，两者的关系主要表现在三个方面：第一，以基本词为基础派生出来的新词，绝大多数是一般词，如前面所举由基本词“火”构成的复合词都是一般词。因此，基本词汇是构成一般词汇的基础。第二,一般词汇中的有些词，随着社会生活的发展，它们所表示的事物和概念在较长历史时期中同社会生活日益密切，具备了基本词的三个特点，它们就进入了基本词汇的行列。比如“党”这个词，在古代汉语中有“古代地方组织”(《周礼》:“五族为党”)、“亲族”(《三国志》:“年七岁，有父党造门”)、“朋辈”(《离骚》:“唯夫党人之偷乐也”）等意义，但不是基本词。后来“党”发展为指政治党派、政治组织，在现当代社会中成了人们经常使用的词，并且具备了很强的构词能力，以“党”为词根构成的新词有“党报、党纲、党委、党员、社会党、劳动党”等数十个，而且还有增加的趋势，其意义也为一般人所理解。因此，从全民性、稳固性、能产性三方面来看，“党”已经进入基本词汇。第三，随着社会生活的发展，某些基本词表示的事物或概念已显得不太重要或已经过时，人们对它逐渐生疏，这些词就失去了基本词的三个特点，成为一般词，如“君、臣、神、仙”等。

基本词汇和一般词汇中都有一部分是常用词。常用词是当代社会生活中最常用的词，它的确定完全根据词语在最流行的图书报刊上运用的频率。《现代汉语常用词表》[①]就是根据这个原则来确定的。

（1）古语词

古语词包括文言词和历史词。

文言词是指某些来源于古代文言著作，现在只在某些文体或特殊语言环境中才使用的词，如“履、脍、冠、目、决、蹊径、阁下”等等。历史词是指对某一历史时期所特有的事物的命名，这些事物随着时代的发展而丧失了生命力，今天只在一些描写历史的著作中才会用到，如“千岁、驰马、寡人、妃子、圣旨、诏书、太监、虎符、觚、鬲”等等。古语词虽然来源于古代典籍，但是古语词并不等同于所有古代汉语词。古语词是从古代汉语词汇中吸收过来的现代汉语词汇的组成部分，它适应现代人的交际需要，受现代

① 教育部语言文字信息管理司组编，李行健、苏新春主编《现代汉语常用词表》（第2版），北京：商务印书馆，2021年。

汉语词汇体系的制约，不但读音已由古音变为今音，意义有的也已改变，运用范围也有所不同，因此它不同于古代汉语词，而是现代汉语词汇的成员。此外，古代典籍中有不少古代汉语词现代已不用，如“柷”（zhù，古代的一种乐器）、“砎”（jiè，坚固结实），这些词在现代已经失去了生命力，它们就不是现代汉语词汇中的古语词。

文言词还在一定程度上保留着古代汉语的风格特点，但是它们已经“推陈出新，古为今用”了，在今天仍有一定的生命力，运用得好，可以收到某些特殊的表达效果。恰当地运用文言词，能够把意思表达得简洁有力，或者具有庄重严肃的色彩。例如：

> 本军三大纪律八项注意，实行多年，其内容各地各军略有出入。现在统一规定，重行颁布。望即以此为准，深入教育，严格执行。（《中国人民解放军总部关于重行颁布三大纪律八项注意的训令》）

句中“军、其、地、略、重行、望、即、以此、为、准”都是文言词，这些词语使训令的意思表现得郑重、简洁、有力。

历史词在现代汉语里没有可以代替的词语，在叙述历史的著作或文艺作品中还要用到，可加强语言的真实性和时代感，而且有时候也必须采用历史词。例如：

> 商朝有侯、伯、子等爵位，有侯、甸、男、采、卫等五服名称。周制分公、侯、伯、子、男五等爵位。（范文澜《中国通史简编》）

离开历史词，这些古代的官制就无法表达。

古语词不能随便使用，以免文章半文半白、不伦不类，如有的文章中不用“眼泪”而用“涕泗”，不用“插嘴”而用“置喙”，都会带来理解上的障碍，属于语言不规范现象。使用古语词，必须考虑必要性原则，只有当这个词表示的意义在普通话中找不到对应的词，或者这个词可以表示特殊的语体色彩或感情色彩，或者有细微的意义差别，可以丰富现代汉语词汇时，才能被吸收，如“黎明”“逝世”“诞辰”“哀悼”“获悉”等等。

（2）方言词

方言词是来源于某一地区的地方话里的词。普通话在形成过程中，以北方话为基础方言，同时也吸收了其他方言的词汇，如从西南方言中吸收的“搞”“整”，从吴方言中吸收的“垃圾”“尴尬”“瘪三”等，这些词都已成为普通话词汇的成员。因此，吸收方言词是丰富普通话词汇的途径之一。此外，在某些文艺作品中适当地使用方言词来表达地方性事物，能增加作品的乡土气息和地方特点，使作品语言新鲜、活泼。特别是小说、戏剧，反映丰富多彩的社会生活，塑造各种类型的人物，描写不同的社会环境，就要求多种多样的语言表达手段。为了表现人物性格、典型环境的风土人情、特殊题材的地方色彩，有选择地使用一些方言词，可以收到更好的表达效果。

（3）外来词

外来词又叫借词，是指从其他民族语言里吸收的词。

吸收外来词也是丰富汉语词汇的途径之一。外来词来源相当广泛，语种很多。例如，来自英语的“扑克”“雷达”“吨”，来自俄语的“布尔什维克”“拖拉机”“布拉吉”，来自法语的“香槟”“安培”“咖啡”，来自德语的“毛瑟枪”“马克”，来自日语的“场合”“手续”“见习”，等等。此外，历史上，汉语还从我国各少数民族语言中吸收了不少外来词，如“葡萄”“狮子”“犀牛”“珊瑚”“玻璃”等等。

外来词一旦被汉语吸收，就成为汉语词汇系统中的成员，读音和意义都有了许多改变。例如，英语的“motor”是发动机的意思，进入汉语以后，加上声调成为“mótuō”，用来表示带有发动机的车，如“他骑摩托来的”。又如，英语“car”本来是单纯词，吸收到汉语中变成“卡车”，就成了合成词。

现代汉语吸收外来词有其独具的特点和方式，主要有以下几种：

①全音译。例如：

拷贝（copy，英）　　坦克（tank，英）
沙龙（salon，法）　　苏维埃（COBET，俄）

②半音译半意译。例如：

霓虹灯（neon lamp，英，“neon”音译，“lamp”意译）
新西兰（New Zealand，英，“New ”意译，“Zealand”音译）

③音译加汉语语素。例如：

啤酒（beer，英）　　酒吧（bar，英）
芭蕾舞（ballet，英）　　沙发（sofa，英）

④音意兼译。例如：

俱乐部（club，英）　　可口可乐（Coca-Cola，英）
卡拉 OK（Karaoke，日）　　艾滋（病）（AIDS，英）

此外，还有所谓的借形词，就是把用汉字书写的日语词直接拿过来作为汉语词，如“反动、景气、引渡、取缔、故障、抽象、具体”等等。

（4）专门术语和行业语

专门术语指各种学科所用的词语。无论是社会科学还是自然科学，每一门学科都有其特定的专门术语。例如：

经济学术语：商品、流通、价值、生产力、生产关系
哲学术语：矛盾、质变、量变、唯物论、唯心论、一元论
逻辑学术语：演绎、归纳、概念、判断、推理、排中律
物理学术语：功率、频道、中波、短波、负荷、折射

天文学术语：日食、月食、行星、恒星、卫星、大气层

数学术语：三角、函数、代数、几何、微分、积分、正数、负数

行业语是社会上某一行业使用的词语。各行各业所使用的行业语反映的是本行业涉及的事物和现象，因其所属行业不同而各不相同。例如：

工业用语：电焊、切削、刀具、模具、钻床、铣床、转炉

农业用语：抗旱、墒情、密植、套种、温室、保墒、返青

运输业用语：春运、海运、满载、吨位、泊位、搁浅

金融业用语：存款、利率、支票、头寸、牛市、套牢

音乐用语：旋律、和声、音符、音阶、节拍、乐章、休止符

戏剧用语：主角、花旦、旁白、道具、台词、行头、龙套

军事用语：狙击、雷达、军种、兵种、驱逐舰、鱼雷

专门术语和行业语原来只在一定的范围内通行，为了适应科学研究和行业需要，一般都具有单义性。不过，随着科学技术的普及和行业间的沟通，有些词语逐渐被赋予了新的意义，可以作为一般词语来使用，由单义词变成了多义词。例如："温床"原来是农业用语，指"冬季或早春培育蔬菜、花卉等幼苗的苗床"，现在"比喻对某种事物产生或发展有利的环境或重要条件"；"瘫痪"原来是医学术语，指"由于神经功能发生障碍，身体的一部分完全或不完全地丧失运动的能力"，现在还"比喻机构、交通等不能正常运转或不能正常发挥作用"；"进军"原来是军事用语，指"军队出发向目的地前进"，现在也可以指其他人"向着某一目标前进"。

专门术语和行业语是现代汉语词汇系统的重要组成部分，有着其他词语不可替代的作用，而且随着科学技术的发展，其使用范围将会越来越广泛。但由于它们专业性强，专业以外的人不容易掌握，所以在普及性读物里，要尽量少用或不用；必须使用时，应加以解释。此外，使用专门术语还要遵循

规范化原则，对有些不统一的术语（例如，语言学中“前缀”又叫“词头”，“后缀”又叫“词尾”；声学中“音色”又叫“音品”“音质”等），都应该通过认真研究，进行统一和规范。

3. 熟语

在汉语词汇系统中，有一些是人们经常使用的固定语句。这些固定语句由于结构紧密、言简意赅，具有独立的造句功能和表意功能，已成为一种特殊的词汇成分，统称为熟语。熟语包括成语、谚语、歇后语、惯用语等等。

（1）成语

成语是人们长期相沿习用的固定短语。成语具有两个基本特点：结构上的定型性和意义上的完整性。

结构上的定型性是说成语的各个组成部分和结构不能随意改变，如“闭门造车”不能说成“关门造船”，“四通八达”“家喻户晓”不能说成“八达四通”“家晓户喻”。有些成语在不改变基本结构和意义的前提下，可以改变个别成分或次序，这应该看成是成语的同义形式，如“天涯海角——海角天涯”“拔苗助长——揠苗助长”。成语大多数由四音节组成，读起来两音节一组，朗朗上口。少数五音节以上的成语，也在向四音节转化，如“依样画葫芦——依样葫芦”“盲人骑瞎马——盲人瞎马”。可见，四音节是汉语成语的基本形式，可以看作成语形式上的重要特点，它体现了匀称和谐、节奏鲜明的美感。

意义上的完整性是指成语的意义不是它各个组成部分的意义的简单相加，而是互相融为一体，表示一个完整的意思。成语的意义是概括的，多数成语都有字面意义以外的比喻义、引申义、形容义，不能简单地从字面上去理解。例如，“水落石出”并不是“水落下去石头就出来了”，而是比喻“真相大白”；“穿云裂石”不是真指“声音穿过云层震裂石头”，而是形容“歌声非常清脆嘹亮”。可见，多数成语的字面意义和实际意义是不一致的，不能简单地按照字面意义去理解成语。

现代汉语的成语数量众多，来源广泛，但概括起来主要有两个途径：一是来自当代的创新，二是来自古代的继承。

创自当代的成语，有的是当代诗文中的名言警句，在群众中流传形成了成语，如“又红又专”“力争上游”“一不怕苦，二不怕死”“洋为中用”“古为今用”“莺歌燕舞”等；有的是人们赋予古书语句以新意而形成的，如“百家争鸣”“满园春色”“夕阳西下”“鞠躬尽瘁”等；有的是群众按成语格式创造的，如“破旧立新”“修旧利废”“忆苦思甜”“根红苗正”“争分夺秒”“争先恐后”“改天换地”等。新创的成语数量不多，但因为它们反映了当代生活，表现了时代风貌，所以生命力很强，使用频率很高。

从古代继承下来的成语，数量最多，从出处来看，也分为几种情况。有的来自古代寓言、历史故事。例如，“杞人忧天”来自古代寓言（见《列子·天瑞》），“四面楚歌”来自历史故事（见《史记·项羽本纪》），类似的还有“拔苗助长”“守株待兔”“叶公好龙”“卧薪尝胆”“纸上谈兵”等等。了解这类成语的出处，有助于理解它们的意义。有些成语是从古典著作中截取语句，沿用定型而成的。例如，“不可救药”是从《诗·大雅·板》“多将熇熇，不可救药”中截取的；“削足适履”是从《淮南子·说林训》“夫所以养而害所养，譬犹削足而适履，杀头而便冠”节缩而来；“水落石出”是从《赤壁赋》“山高月小，水落石出”中截取而来。这类成语数量最多。还有些成语来自古人的口头流传。例如，“唇亡齿寒”出自《左传》“谚所谓辅车相依，唇亡齿寒”；“同病相怜”出自《吴越春秋》“子不闻河上歌乎，同病相怜，同忧相救”；“利令智昏”出自《史记·平原君虞卿列传》“鄙语曰：‘利令智昏’”。这类成语来自“谚”“河上歌”“鄙语”，正说明它们长期在人民群众中口头流传，后来经过了文人的记录和加工，有的比较典雅含蓄，有的则保留了通俗平易的风格。由古代继承下来的成语流传到现代，从形式、内容到色彩都发生了很大变化，今天我们理解和运用这些成语时，不能沿袭它们原来的形态，而要掌握它们现在的意义和用法。

汉语成语是汉民族语言千百年来千锤百炼而形成的凝练、精辟、富于表现力的语言形式，具有很好的表达效果。

一是言简意赅，准确精练。成语本身包含着极其丰富深刻的内涵，如果运用得当，可以收到言简意赅的效果。比如，用“雪中送炭”和“锦上添花”来说明文学艺术普及和提高的关系，用“一马当先”“万马奔腾”来形容科技事业的发展带动其他事业的跃进等，都能起到以少胜多、一语中的的作用。

二是鲜明生动，形象活泼。很多成语是利用比喻等修辞手法提炼的，还有的取材于古代寓言或历史故事，因此富于形象性和艺术性。比如，用“茕茕孑立，形影相吊”来形容中国人民取得胜利后帝国主义者空前孤立的处境，用“春色满园，万紫千红”来描写祖国繁荣昌盛的景象，都富于形象性和联想性，给人以强烈的感染力。

正确运用成语必须注意以下两点：

第一，正确理解成语的含义，注意成语的感情色彩。成语大都具有鲜明的感情色彩，如“中流砥柱”“力挽狂澜”“叱咤风云”有高度赞许的意味，“狼狈为奸”“居心叵测”“十恶不赦”具有强烈的憎恶色彩，在使用时都要注意使用对象。

第二，注意使用规范，掌握成语的正确读音和写法。成语是长期相沿习用的一种语言形式，具有很强的稳固性，不能随意改变字词和结构，也不能生造成语。如不能把“短兵相接”写成“短兵相见”，把“孤掌难鸣”改为“单掌难鸣”。有些成语由于含有古语词，就需要弄清它的读音、字形和意义。如“焚膏继晷”（膏：gāo，油脂；晷：guǐ，日影，比喻时光）、“时乖命蹇”（乖：guāi，不正常；蹇：jiǎn，不顺利）、“擢发难数”（擢：zhuó，拔）等，都必须在弄清构成语素音义和字形的前提下正确使用。

（2）惯用语

惯用语是口语中一种短小定型的习惯用语。从结构看主要有以下两类：

A类	开倒车	拆墙脚	碰钉子	打游击	敲边鼓
	穿小鞋	泼冷水	吹牛皮	炒冷饭	敲竹杠
	装门面	钻空子	抱大腿	唱高调	和稀泥
B类	马后炮	半瓶醋	闭门羹	绊脚石	墙头草
	传声筒	耳边风	定心丸	下马威	烟幕弹

A类惯用语前后两部分是支配关系，中间可以插入其他成分，如“碰钉子”可以说成“碰了个大钉子”，“泼冷水”可以说成“泼了一瓢冷水”；B类惯用语前后两部分是修饰关系，不能拆开来用，在语言使用中相当于一个词。

惯用语不仅语言形式精练，而且表述生动形象。例如，“钻空子”表示“利用漏洞进行对自己有利的活动”，“敲竹杠”表示“利用别人的弱点或某种口实抬高价格或索取财物”，“可怜虫”比喻“可怜的人”，“传声筒”比喻“照着人家的话说，自己毫无主见的人”。惯用语的整体意义常常是通过比喻和引申实现的，惯用语一般都有字面意义以外的比喻义和引申义。根据这一点，可以把惯用语与三音节词区分开来，如“集中营”“粗布衣”“电子管”没有字面意义以外的比喻义和引申义，所以不是惯用语。

惯用语与成语有相似之处，都是精练、生动、结构固定的现成词语。但两者也有明显的区别：惯用语以三字居多，成语以四字为主；惯用语口语色彩浓，成语书面语色彩浓；惯用语含义单纯，成语含义丰富；惯用语结构灵活，成语结构固定。

（3）歇后语

歇后语又叫“俏皮话”“譬喻语”，它是人民群众口头流传的一种由类似谜面、谜底两部分组成的固定语句。前一部分是一个比喻或隐语，后一部分是对其意义的解释。平时说话，可以只说前一部分，省去后一部分，让别人去体会、猜测，所以这种语言形式叫作“歇后语”。

歇后语可以分为喻义和谐音两种。喻义歇后语的前半部分是一个形象的比喻，后半部分点出喻义所在。例如：

泥菩萨过河——自身难保

兔子的尾巴——长不了

马路上的电线杆——靠边站

木头眼镜——看不透

老鼠爬秤钩——自称自

谐音歇后语的后半部分借助同音造成双关效果，言在此而意在彼。例如：

小葱拌豆腐——一青（清）二白

飞机上吹喇叭——响（想）得高

电线杆上绑鸡毛——好大的掸（胆）子

腊月里的萝卜——冻（动）了心

歇后语是一种形象化的语言形式，多数带有幽默风趣的意味，如果运用得当，能使语言生动活泼、富有情趣。但是，有些歇后语带有封建意识或庸俗低级趣味，随着社会的进步已被淘汰，不宜继续使用。

（4）谚语

谚语是流传在人民群众口头上的简练通俗且富有意义的固定语句。谚语具有民族特点和地方特点，内容涉及社会生活的各个方面。

有反映生活经验的，例如：

马路如虎口，中间不可走。

行路能开口，天下随便走。

未晚先投宿，鸡鸣早看天。

人逢喜事精神爽，月到中秋分外明。

世情看冷暖，人面逐高低。

有反映生产经验的，例如：

人勤地不懒。

桃三、杏四、梨五年，枣树当年就还钱。

水土不下坡，谷子打得多。

种地不上粪，等于瞎胡混。

有反映人生哲理的，例如：

耳听千遍，不如手过一遍。

亲身下河知深浅，亲口尝梨知酸甜。

不经冬寒，不知春暖。

钱财如粪土，仁义值千金。

百战出勇士，苦练出精兵。

谚语中还有一部分含有教诲意义和人生哲理，一般出自名人之手，人们把它们叫作格言。例如：

惩前毖后，治病救人。

智者千虑，必有一失；愚者千虑，必有一得。

真金不怕火，怕火不真金。

聪明来自勤奋，天才全靠积累。

学如逆水行舟，不进则退。

可见，谚语的内容包罗万象，人们所接触的事物、所认识的领域，几乎都可以在谚语中得到反映，因此有人说谚语是人们认识自然、认识社会的“简明百科全书”。

谚语具有闪光的智慧，包含朴素的唯物辩证法思想，可以帮助人们认识自然和社会；同时，谚语语言生动形象，道理简洁明白，也是一种很好的修辞手段。比如用“捡了芝麻，丢了西瓜”来说明因小失大，用“世上无难事，只怕有心人”来鼓励人们战胜困难，不但十分新鲜生动，而且可以增强语言的说服力和感染力。

谚语和成语有相同之处，都是精练、生动、结构固定的现成语言材料，但两者也有明显的区别。从形式上看，成语是以四字为主的词组，结构固定，一般不能独立成句；而谚语多采用对联式的韵语，成分、结构并不完全固定，可以独立成句，表达一个完整的意思。从内容上看，谚语主要是反映生活中的种种经验和规律，表达某种判断或推理，内容较丰富；成语则主要用于表达比较复杂的概念，内容较单纯。从风格上看，谚语来源于人民群众的口头创作，口语性强；成语大多出自古典文献，书面语特点突出。

第三节 英汉词汇文化语义对比 *

在语言构成的诸要素中，词汇与文化的关系最为密切。词汇不仅从构词层面反映了语言的文化内涵，而且也从语义层面直接体现了语言文化内涵的异同。

一、语义错位

英语文化和汉语文化存在语义错位是不同语言的常见现象。语义错位是指在以两种不同文化为背景的语言中，一些字面上词义似乎相似但实际上由于各自的文化背景不同而导致的词语内涵意义有差别的现象。比如，英语中“sofa”一词的字面意义与汉语中的“沙发”似乎相似，但实际上

* 本节内容主要参考闫传海、张梅娟（2008）。

却并不完全相同。在英语中，“sofa”是指那种内有弹簧或海绵衬垫并有靠背的软座靠椅，在这一义项上，它与汉语“沙发”含义相同。但是在汉语中，“沙发”可以指单人、双人或三人的，而在英语中，“sofa”仅指两人或两人以上坐的该类椅子。在《牛津高阶英语词典》(*Oxford Advanced Learner's Dictionary*)中，该词被明确定义为“wide enough for two or more people”。而“单人沙发”一词在英语中有专门的词语来表示，通常是“armchair”“easy chair”或“wing chair”。再如，汉语中的“社会科学”一词传统意义上是指“以社会现象为研究对象的科学。如政治学、经济学、军事学、法学、教育学、文艺学、史学、语言学、民族学、宗教学、社会学等”。但在英语中，“social science”一词并不完全与汉语对应。在英语国家的学科分类中，“social science”通常是指历史学、人类学、政治学、经济学、社会学和心理学等学科。但在英语中还有一个汉语中没有的学科，就是人文学科(humanities)，这是一个涉及语言、文学、哲学、艺术和音乐的学科分类。

由此可见，在英汉两种语言中，由于各自的文化背景不同，一些表面似乎意义相似的单词在实际内涵方面却出现了语义错位现象。

除了语义的部分错位现象外，在英汉两种语言中还有完全错位的现象。完全错位是指一些表面词义相似的词语在两种语言中的本质完全不同。如汉语中的“现代”和英语中的“modern times”，字面意义相同，但实际上则分别指各自文化背景下国家或地区的历史时期。

二、语义对应空白

语义对应空白是指以两种文化为背景的语言在某些词汇意义上出现语义的对应空白的现象。我们知道，语言不仅是文化的载体，而且语言本身也是文化的具体体现。由于语言反映的是某一民族所特有的事物、现象和情感，这就完全可能出现某种文化中的事物和现象在另一种文化中并不存在的情况。一种民族语言的文化特性越鲜明，这种现象就越明显，比如汉语中特有的词语“磕头”“气功”“麻酱”“饺子”“上火”等，在英语中就没有对应的词语。

再如，在汉语中，“解放前”“解放后”是两个极为普通的词语，它们所表达的是中国历史上两个特定的时期，任何一个受过基本教育的中国人对这两个词的理解都是毫无问题的。但是，这两个描写中国特定历史阶段的词语在英语中并没有相对应的对等词。一般情况下，这两个词都被简单地翻译成“before liberation（pre-liberation）”和“after liberation（post-liberation）”。但是，对于不熟悉中国历史的西方人，他们对这样的翻译往往感到困惑。对此，有专家指出，这两个词最好翻译成“before 1949”和“after 1949”。

三、独立性文化词义与依附性文化词义

词汇具有文化的要素已得到学术界的普遍认同，但词汇的文化要素与内涵也不是对每个词都是恒定不变的。就一般意义来讲，可以分为三种情况。

第一，某一词语的文化要素和内涵基本为零。在一种语言中，大部分单词都属于这种情况。

第二，独立性文化词义。这是指在某种语言中，某些单词本身就具有鲜明的文化性，表达了该种语言中特有的文化现象或概念，如汉语中的“旗袍”“春节”“武术”“太极”“上火”“肾虚”等。对于这种独立性文化词义，由于它们所表达的含义是某一语言中独特的概念或事物，这就导致这些词在翻译成另一种语言时并不能被另一种文化的语言使用者所理解和接受。同时，对这些词语的翻译也是五花八门，这一点在中国菜名的翻译上尤为突出。如“五香味”翻译成“five spices”，“糖醋味”则翻译成“sweet and sour”；“盖浇饭”翻译成具体的“chicken over rice”或“pork over rice”，而“宫保鸡丁 / 宫保肉丁”则直接翻译成“*gongbao* chicken”或“*gongbao* pork”。最有意思的是，在美国超市里，有些员工把“馄饨皮”和“饺子皮”叫作“wonton / dumpling skin”，也就是把中文的“皮”直接译成了英文的“skin”。再如汉语中的“龙”。龙在汉语中本身就具有丰富的文化内涵，对龙的理解已经不是简单地把它翻译成英语“dragon”的问题了。2008年北京奥运会吉祥物“龙”的落选就是最好的证明。

第三，依附性文化词义。这指在某一文化的语言中，某一词语的基本词义与另一种语言的对等词并没有太大的差异，但是，这类词语除了其本身表达的概念和意义外，还具有一定的文化延伸性含义（cultural extended meaning）。与上述独立性文化含义词语不同，这种依附性文化词语的文化内涵多以一种隐性的方式隐含在该词语的表面词义之后。对于这类词，表达某一具体的词义、用于平常的交际是其首要目的，而其背后隐含的文化含义并不会给日常交流带来太大的影响。当然，如果能了解其背后的文化内涵，那么一定会加深对该词语的理解。例如，“马”是英语国家和汉语国家都有的动物，但所蕴含的文化意义却不同。在汉语中，主要强调马的行走能力，有“马到成功”“一马当先”“路遥知马力，日久见人心”等表达；在英语中，则主要强调马是一种劳动工具，有“horse power”（马力）、“as strong as a horse”（力大如牛）等表达。

四、文化的非对称性

在任何一种语言中，词汇都是文化的重要体现方式之一，这些文化负载词具有不同程度的文化含义。但是，这些具有文化内涵的词语在两种语言中的文化含义并不是对等的。这就意味着在某种语言中，某个词语具有特定的文化内涵，但它在另一种语言中却没有任何文化内涵。这就是词汇文化内涵的非对称性。

这种非对称性还具有多个层面的表现形式。如在两种不同文化背景的语言中，一些对应的词语虽然在语言层面上完全对应，所指的概念意义完全相同，但这些词语背后的文化内涵却不尽相同。在语言交流中，很可能这两种语言的使用者完全从自己的文化出发来评判或理解对方语言的含义，而这正是导致交流产生误解的原因之一。

除了在词语中产生的这种文化非对称现象，文化的非对称性同样出现在交际行为或其他活动中。在人类的日常生活中，由于各民族生活习惯和认识观念的差异，一个民族总会在自己生活的范围内形成自己独有的文化准则。我们应该认识到，在这些文化准则中，一些要素可能是被全人类共同接受的，而另一些要素可能就是某一民族所独有的。但是，当人们在判定另一个民族的文化行为时，他们常常以自己民族的文化行为准则作为判定对方文化行为的标准，而当这种判定出现在两种势力不对称的文化中时就会变得特别明显。在现实生活中，强势文化的行为准则常常在心理上自觉或不自觉地被当作一种普遍接受的文化行为标准，这就形成了文化交流中的不对称性。

在社会发展中，一个常见的现象就是某一民族的语言和文化常随着该民族经济力量和政治势力的强大而变成一种强势文化和语言，甚至到最后导致该语言和文化成为世界普遍接受的标准。由此带来的一个不容忽视的事实就是，在进行文化对比研究时，如何客观地解释和评价某一文化中某些词语的文化内涵是我们不能忽略的要点。

第四节 英汉词汇语用功能对比 *

英汉词汇的文化语义差异在语言交际中不仅体现为形式结构和语义内涵的不同，而且体现为语用功能的差异。在言语交际中，交际双方利用词汇实现话语的语用功能，表达交际意图。在特定的语言环境中，词汇的选

* 本节内容主要参考冒国安（2015）。

择和运用可以帮助听话人了解说话人的言外之意。在英汉语言系统中，词汇的使用规律各不相同。

由于社会文化不同，英汉两种语言的词汇系统存在显著差别。从构词看，英语有丰富的屈折形态变化，相同的语用意义可由不同的句法结构、语音语调等手段表现出来，而汉语则更多地运用词汇手段，通过虚词、语气词、助词等词汇来实现其语用功能。下面将对比英汉词汇的运用规律，并对两者进行语用对比分析。

一、英汉谦称词语和敬称词语对比

英汉谦称词语和敬称词语主要体现在社会指示语中。社会指示语（social deixis）是运用指示词语表示话语参与者社会地位及他们之间关系的语言形式，可分为两类：关系型社会指示语和绝对性社会指示语。关系型社会指示语表示说话人与指称对象、受话人或旁听者之间的相对社会关系；绝对性社会指示语表示说话人或受话人的绝对社会地位。英语中存在一些表示绝对性指示的词语。例如：

Your Majesty（陛下）　　Your Highness（殿下）

Your Excellency（阁下）　　Mr. President（总统先生）

与英语相比，汉语的关系型社会指示语更为丰富。汉语词汇系统有一整套系统的关系型社会指示语，即敬称词语和谦称词语。在交际场合谈到自己或者与自己相关的人或事时，汉语使用者往往要使用谦称词语；在提到交际对方或者与对方相关的人或事时，往往使用敬称词语。例如，与其他语言相比，汉语第二人称单数的称呼系统较为丰富。在此系统中，“您”为敬称词，用于称呼长辈或社会地位比自己高的人，一般用于较正式的交际场合；“你”是普通称谓，常用于称呼平辈、晚辈或社会地位比自己低的人，一般用于非正式场合。此外，汉语词汇系统中还有以下典型的谦称词语和敬称词语。

（1）谦称词语

敝处（my place）
敝国（my country）
敝校（my school）
鄙人（I）
鄙意（in my opinion）
拙笔（my poor writing/painting）
拙见（my humble opinion）
拙作（my article）
寒舍（my home）

（2）敬称词语

高见（one's brilliant opinion）
高就（move up to a higher position）
高龄（advanced age）
高堂（one's parents）
高足（your pupil）
贵姓（your name）
贵国（your country）
贵恙（your illness）
贵子（your son）
令爱（your daughter）
令郎（your son）
令堂（your mother）
令亲（your relatives）
令尊（your father）
尊亲（your senior relatives）
尊府（your residence）
尊驾（you）
尊夫人（your wife）

此类汉语谦称和敬称词语主要表示对交际对象的尊敬，其目的是尽量减少与交际对象的分歧，力求交际顺利进行。这一语言现象符合利奇语用学理论“礼貌原则”中的“赞扬准则”（maxim of approbation）和“谦虚准则”（maxim of modesty）。赞扬准则规定，说话人在表情达意时，应当尽量减少对他人的贬损，尽量夸大对他人的赞扬；谦虚准则规定，说话人应当尽量减少对自己的赞扬，尽量加大对自己的贬损。汉语的这套谦辞系统具有赞扬和谦虚的语用功能。

二、英汉称谓语对比

由于文化和语言的不同，交际中称谓语的选择很难把握。下面就英汉言语交际中的称谓语进行语用对比分析。

（一）英汉家庭称谓和社交称谓的语用对比

称谓是人们在相识或交往中不可避免地要面临的看似简单实则复杂的问题。家庭称谓是指家庭内部成员之间相互的称呼语；社交称谓是社会群体内人与人之间在言语交际中的称呼语，它对人际关系的建立有着重要的甚至是决定性的影响。

1. 英汉家庭称谓的差异

在用英汉进行跨文化交际时，由于文化背景的差异，家庭称谓常常给交际双方理解称谓意义造成很大的困难。汉语中有丰富的称呼语，表示具体的人际关系，而英语中却没有这样的对应词（见表 3-3）。

表 3–3　英汉家庭称谓对照

<table>
<tr><th>汉语词</th><th>英语词</th><th colspan="3">英语释义</th></tr>
<tr><td>祖父 / 爷爷</td><td rowspan="2">grandfather</td><td colspan="3">paternal grandfather</td></tr>
<tr><td>外公 / 姥爷</td><td colspan="3">maternal grandfather</td></tr>
<tr><td>祖母 / 奶奶</td><td rowspan="2">grandmother</td><td colspan="3">paternal grandmother</td></tr>
<tr><td>外婆 / 姥姥</td><td colspan="3">maternal grandmother</td></tr>
<tr><td>伯伯</td><td rowspan="5">uncle</td><td rowspan="3">paternal uncle</td><td rowspan="2">father’s brother</td><td>elder brother</td></tr>
<tr><td>叔叔</td><td>younger brother</td></tr>
<tr><td>姑父</td><td colspan="2">husband of father’s sister</td></tr>
<tr><td>舅舅</td><td rowspan="2">maternal uncle</td><td colspan="2">mother’s brother</td></tr>
<tr><td>姨父</td><td colspan="2">husband of mother’s sister</td></tr>
<tr><td>伯母</td><td rowspan="2">aunt</td><td colspan="3">wife of father’s elder brother</td></tr>
<tr><td>婶母 / 婶婶</td><td colspan="3">wife of father’s younger brother</td></tr>
</table>

续表

汉语词	英语词	英语释义
姑妈	aunt	father's sister
舅母		wife of mother's brother
姨妈		mother's sister
哥哥	brother	elder brother
弟弟		younger brother
姐姐	sister	elder sister
妹妹		younger sister
堂姐	cousin	elder sister on one's paternal side
堂妹		younger sister on one's paternal side
堂哥		elder brother on one's paternal side
堂弟		younger brother on one's paternal side
表哥		elder brother on one's maternal side
表弟		younger brother on one's maternal side
表姐		elder sister on one's maternal side
表妹		younger sister on one's maternal side

从表 3-3 可以看出，汉语的家庭称谓语系统远比英语的复杂。例如，堂、表亲属关系，汉语中有八个不同的称呼，而英语只有一个“cousin”作为统称。实际上，上述亲属伦理关系只是家庭称谓语的一个简单示例，还有用“姨奶奶”“嫂子”“弟妹”“小舅子”“外甥”等方式来区别亲属关系的。英汉称谓语的语义不对称和语义缺位给英汉言语交际造成了困难，影响了跨文化交际的效果。另外，汉语中同辈家庭成员和亲戚的称谓需要根据年龄的不同进行区分。例如，家庭中兄弟姐妹的排行有“大哥、二哥”“大姐、二姐”等的区别，而英语中的称谓则比较简单，不分年龄长

幼，同辈男性都称为“brother”，同辈女性都称为“sister”。还有，汉语中称比父亲年长的男性为“伯伯”，称比父亲年轻的男性为“叔叔”，英语中则通称“uncle”。

2. 英汉社交称谓的差异

社交称谓受到社会、文化的影响，在同一社会群体中，人们通过使用约定俗成的称呼建立和维护和谐的人际关系。但是，在跨文化的英汉言语交际中，由于社会文化背景不同，社交称谓已成为影响有效交际的语言问题之一。

在英语国家，人们初次见面时常常使用“Sir”“Madame”“Mr.”“Mrs.”“Dr.”等；当交际双方比较熟悉后，就不用姓氏，可以直呼其名了，如“Peter”“Jack”等。

在汉语社会文化中，初次见面通常称呼对方头衔、职务，比如“王主任”“张所长”“江先生”“王女士”“蔡小姐”等；熟悉后会互称“老李”“小赵”等；当双方关系非常亲密后，还可以去掉姓，直呼其名，甚至称呼绰号、外号、小名等。还有，在说汉语的社会群体中，往往把家庭亲属称谓扩大到社会交往中，根据年龄长幼称呼“大哥”“大姐”“小妹”“大叔”“大爷”“大妈”“大娘”等等。

汉语中有很多表示职业的词可用作称谓语，如“王老师”“王工（程师）”“王处（长）”“张会计”“杨木匠”等，而这些称谓在英语中不能用作称呼语。英语中的常用称谓有：Professor（教授）、Doctor（大夫、博士）、Captain（船长、陆军上尉、空军或海军上校）等。至于engineer（工程师）、teacher（教师）、accountant（会计）等职业名称却不能用作称呼语，否则就会出现交际失误。

英汉语社交称谓对照见表3-4。

表 3-4 英汉社交称谓对照

<table>
<tr><th>汉语称谓</th><th>英语称谓</th><th>使用称谓的群体</th><th>英语释义</th></tr>
<tr><td>老王</td><td>Mr. Wang</td><td rowspan="2">熟人或同事之间</td><td>Lao Wang</td></tr>
<tr><td>小张</td><td>Mr. Zhang</td><td>Xiao Zhang</td></tr>
<tr><td>大哥</td><td>无对应称谓</td><td rowspan="3">农村或邻里之间</td><td>elder brother</td></tr>
<tr><td>大叔</td><td>无对应称谓</td><td>uncle</td></tr>
<tr><td>大妈</td><td>Aunt</td><td>aunt</td></tr>
<tr><td>先生</td><td>Sir、Mr.</td><td rowspan="4">城镇群体</td><td>Sir</td></tr>
<tr><td>太太 / 夫人</td><td>Mrs.</td><td>wife</td></tr>
<tr><td>女士</td><td>lady</td><td>lady</td></tr>
<tr><td>小姐</td><td>Miss</td><td>a young lady</td></tr>
<tr><td>老板</td><td>boss</td><td rowspan="2">工商界</td><td>boss</td></tr>
<tr><td>老总</td><td>director</td><td>director</td></tr>
<tr><td>李主任</td><td>Director Li</td><td rowspan="3">公务员之间</td><td>Director Li</td></tr>
<tr><td>张会计</td><td>无对应称谓</td><td>Accountant Zhang</td></tr>
<tr><td>王处（长）</td><td>无对应称谓</td><td>Section chief Wang</td></tr>
<tr><td>张教授</td><td>Prof. Zhang</td><td rowspan="2">专业技术人员</td><td>Professor Zhang</td></tr>
<tr><td>王工（程师）</td><td>无对应称谓</td><td>Engineer Wang</td></tr>
</table>

从表 3-4 可以看出，英语社交称谓没有汉语社交称谓那么详细繁杂。汉语称谓之所以这么复杂，有其历史文化因素，中国传统礼教中“长者为尊”的人际伦理支配着言语交际行为。在这种伦理价值观念的影响下，人与人之间的关系强调“长幼有序”。以此类推，人们的权利、义务、职别也随之不同。而英语社会中没有汉语社会这样复杂而森严的等级观念、名分观念，人际关系比较简单，且英语社会较重视个人意志、个人自由、个人价值以及个人独创精神。

3. 英汉称谓语运用原则

了解了英汉家庭称谓和社会称谓的差异之后，我们应该在英语学习以及英汉言语交际中学会正确使用称谓进行交往，努力掌握跨文化交际的原则。称呼问题是我们进行交际时首先要解决的问题。任何两个人如果一开始就无法解决相互间适当的称呼问题，那么他们之间的关系就很难建立和维持，言语交际也就很难顺利进行下去，解决好称谓问题也就意味着成功的交际有了一个良好的开端。我们已经认识到了英汉交际中称谓的差异，为了进一步提高跨文化交际的技巧，我们还应当掌握英汉交际中称谓的运用规律。

第五节　英汉修辞词汇表达手段对比 *

词汇表达手段（means of lexical expression）在语言运用中十分重要。同一个意思可以采用不同的词语表达，同一个词语有其固定的意义，也有临时的意义（nonce meaning），不同的文体要求使用不同的词语。在长期的使用过程中，某些词语已具有特定的文体色彩。因此，词语的锤炼在话语表达中起着十分重要的作用。在锤炼词语时应同时注意词的概念意义和色彩意义两个方面。下面从不同角度探讨英汉修辞词汇表达手段的异同。

一、英汉词汇语体对比

一方面，英汉两种语言中的多数词语并没有色彩，属于词汇中的“共核”（the common core）成分，即各种不同的文体均能使用这部分词汇；另一方面，英汉两种语言中也有不少词语具有鲜明的色彩特征，使用时要注意两种语言的词汇色彩问题，用词要符合语境，要准确、贴切地表达出说话人的意图，有效传递信息。

* 本节内容主要参考冒国安（2015）。

口语词语（colloquialism）主要用于日常口语，而书面词语（literary words 或 learned words）主要用于书面语。在语言使用中，有些“共核”成分的词语经过转义便成为具有明显口语色彩的词语。了解口语词语和书面词语在文体色彩方面的差异有助于实现言语交际的“得体性”（appropriateness）。

有些“共核”成分在语音上发生变异，也转变为口语词语，如“gonna（= going to）、gal（= girl）、baccy（= tobacco）”等。某些“共核”成分加上“指小后缀”（diminutive suffix）也具有口语体的色彩，如“granny、daddy、fatty、booklet、birdie、lassie”等。英语中还有大量的口语习语（colloquial idioms），如“A-one（= A1）、for ages、wet blanket、have a head for、pot luck、do-gooder、dead easy”等。口语习语形象生动，富有表现力，能产生良好的表达效果。表 3-5 列举了英语口语词语、共核词语及书面词语，表 3-6 是与之对应的汉语词语。

表 3–5　英语口语词语、共核词语及书面词语举例

口语词语	共核词语	书面词语
daddy	father	parent
chap	fellow	associate
kid	child	infant
flapper	young girl	maiden

表 3–6　汉语口语词语、共核词语及书面词语举例

口语词语	共核词语	书面词语
爹 / 老者 / 大大	爸爸	父亲
家伙	伙伴	同事
娃娃	孩子	幼儿
丫头	女孩	少女

二、英汉词汇色彩对比

词语锤炼要求用词色彩鲜明，具体说来，就是要求人们在选词用字时，要在准确、贴切的基础上，选择最有表现力的词语。它们平时也是一些极其平常的词语，但是在某些话语中同某个特定的语境结合，便散发出了特有的魅力。

（一）文化色彩

在历史的发展过程中，不同的民族逐渐形成了自己特有的民族风情和文化传统，这些自然而然地会反映在语言中。不同的国家和地区会用不同的事物来表达相同的语用意义，或使用相同的事物来表达不同的语用意义。例如，西方人认为狮子是百兽之王，而在汉族人的眼里，百兽之王是老虎。因此，汉语中“虎”的这一意义反映在英语中，或是英语中“狮子”这一意义反映到汉语中时就会发生文化上的迁移，比如，“拦路虎”对应的英文是“a lion in the way”。再如：

太岁头上动土 to beard the lion in his den

鸡皮疙瘩 gooseflesh

水底捞月 to fish in the air

猫哭耗子假慈悲 to shed crocodile tears

狗改不了吃屎 The leopard cannot change his spots.

另外，西方人和东方人在许多方面用相同的事物表达不同的语用意义，颜色就是一个典型的例子。西方人认为，红色表示人物脾气暴躁，而红色在京剧中却表示人物性格忠勇；西方人认为，绿色表示妒忌和不成熟，而京剧中的绿色代表的是鲁莽。因此，在英汉互译过程中，切不可望文生义，导致语用失误。比如“白象牌电池 white elephant battery”，汉语中“白象”意味着珍稀、少有，而直译成英语时，却忽略了“white elephant”在英语中表示“废物，昂贵而无用之物”。再如：

红眼病 green-eyed

开门红 to get off to a good start

红榜 honored board

红火 flourishing

除了上述两种情况外，英汉两种语言中有些词语的语用意义在与其相对的语言中根本就不存在，因此在写作或翻译时尤其要注意适当择词，否则就会闹出意想不到的笑话。比如，“山羊”在汉语中没有特别的含义，但在英语中却表示“色鬼”的意思，可以想象，“山羊牌电视机”被译成“Goat TV Set”时英美人士对此产品的反应是怎样的。再如：

羊肠小道 a narrow winding trail

英文中没有用“羊肠”来表达弯曲狭窄的小路的说法，如果将“羊肠小道”直译成“a goat intestines path”，不仅无法表达出汉语中特有的那种崎岖、狭窄、盘旋的含义，而且有可能会使英美人士在心理上产生不适感。又如：

池子里捕小鱼，太湖里放生。 Penny wise, pound foolish.

其中的“太湖”如果直译，对于不了解中国地理的英语读者而言，很难想象出这一大一小的强烈对比。此处借用英语谚语译出，既达意又传神。

（二）语体色彩

英汉两种语言的词汇极其丰富，拥有大量可供选择的同义或同音的词汇资源，但在具体的语境中，往往只有一个是最恰当的表达手段，而对最佳表达手段的选择便是修辞——一种创造性地运用语言的活动。在语言使用中，我们应该讲究词语语体色彩的锤炼，增强其表现力和感染力。例如：“The author, Norris and an anthology of children in Brooklyn Heights”（作者诺里斯和布鲁克林高地儿童选集），众所周知，“anthology”（选集）通常与文学作品连用，可在此例中，作者却反其道而行之，将其与人连用，显得颇有新意，因为此处作者描述的对象是位多产的作家，并不是一个普通人，其身边子女成群，就如同他的作品一样。

第六节 英汉词汇文化丛对比

文化丛是现代文化学（Culturology）中的一个概念，指在研究跨文化交际过程中对所涉及的文化进行对比，以发现其间的异同。（李晓婕，2020）按照现代文化学的观点，对文化时空差异的研究可从文化层、文化丛、文化区、文化圈等多个维度进行。其中，文化丛指某一特定时空范围内存在的文化现象与表现。特定时空内的文化观念在动物群词汇上的反映，便可以称为“动物文化丛”，如“狗”文化丛、“龙”文化丛、“象”文化丛等；围绕颜色所产生的文化便可称为“颜色文化丛”。语言交际者对文化丛词汇的使用，反映出不同民族的文化意识、审美价值观、心理因素等，表现在语言上，就是使用者在使用文化词时，赋予其特定的文化含义。通过分析不同文化丛的词汇及相应的言语表达形式，读者便可获得相应的语言和文化方面的信息。同样的道理，通过对不同民族词汇文化丛差异的对比分析，可了解到词汇蕴藏在不同文化中的语义内涵差异。下面从动物文化丛、数字文化丛和颜色文化丛三方面进行英汉词汇文化对比分析，以探究英语词汇文化的异同。

一、英汉动物文化丛词汇寓意对比 *

动物与人类长期共存，在英汉两种语言中都有各种与动物相关的词语。但由于各地动物种类不同，它们在社会中所扮演的功能和角色也不同，人们对动物的社会观念或情感亦不尽相同，不同地域的人对各种动物的联想也就

* 本部分内容主要参考蒋德诚（2014）。

各不相同。下面，我们以马和牛两种动物为例，讨论英汉动物文化丛的寓意和文化象征含义的异同。

马是汉语国家和英语国家常见的动物，在汉语和英语中，许多成语都与马有密切的关系。

汉语词汇中与马有关的成语有“马到成功”“一马当先”“老马识途”“马不停蹄”“马革裹尸”“马失前蹄”“人困马乏”“人仰马翻”等等。在汉语文化中，马的社会功能主要是作为交通工具。在古代，马是一种运载或拖拉或供士兵乘骑的工具。在战国时期，战车是用马来拖拉的，故在表达一个国家武力之强时常使用多少“乘”的说法。如《战国策》中有“万乘之国七,千乘之国五，敌侔争权，盖为战国”。而汉代以后，骑兵成为一种主要的兵种，因此汉语中有“南人驾船，北人骑马”“千里马常有，而伯乐不常有”等说法；而汉语中“一马当先”“路遥知马力，日久见人心”等成语、俗语更是表达了马的行走功能。

在英语文化中，马的社会功能主要是一种劳动工具。虽然在古希腊，马被作为在战争中驮载士兵的工具，但在普通百姓的生活中，它却是一种劳动的工具。所以英语中有“horse power”（马力）的说法，形容某人或某物耐用或能干重活时用“heavy work horse”来表达，形容某人勤快且乐于助人时用“a willing horse”来表达，形容某人勤劳工作、埋头苦干时则可说“work like a horse”，日常生活中必须了解的常识可称为“horse sense”（同“common sense”），夸奖某人强壮时则可用“as strong as a horse”来形容——这正好与汉语中“壮如牛”的表达有异曲同工之妙 。

在汉语中，牛被描述为一种勤勤恳恳、任劳任怨为人类工作的动物，有“老黄牛”“俯首甘为孺子牛”等说法，甚至20世纪50年代出现的拖拉机也被称为“铁牛”。牛有力气大的特点，所以汉语中有“力大如牛”“你真牛”“牛气”等用法，也有“吹牛”“牛气冲天”“牛皮哄哄”等说法，这些在一定程度上都与用牛耕地有关。但是在英语中，牛（bull）却被用于形容鲁莽的角色。形容某人鲁莽、爱闯祸，可以说“a bull in a china shop”；学校里那种恃强凌弱的顽童亦被称为“bully”。就社会功能而言，在中国，牛的主要功能是犁地，马的主要功能是行走；而在英语国家，马是犁地的工具，被看成一种工作动物（working animal）。汉语中有“吹牛”的说法，而英语中对应的表述是“talk horse”（英语也有“talk big”的说法）；汉语中有“吃得像牛一样”或“像牛一样辛勤干活”的说法，而英语中却是“eat like a horse”和“work like a horse”。上述表达又从一个侧面反映了牛和马在各自国家的主要社会功能。

二、英汉数字文化从词汇寓意对比

数字是词汇系统中不可缺少的组成要素，数字的发明与使用是人类文明发展的重要标志。数字在不同文化中所特有的含义是数字在该民族文化中长期发展的结果，受到传统和历史的影响，或者由于数字的谐音，不同语言的使用者会对相同的数字产生不同的联想。在特定的文化语境中，数字的使用会让局外人感到迷惑不解。有的数字在变成某一民族文化中的数字时，其意义在另一文化中会被忽略、歪曲或夸大。在长期的发展过程中，几乎每一个数字都在特定的文化语境中形成了各具特色的含义。虽然每个数字背后的意义有着不同的根源，但在与其他词语组成短语后都可以演绎出丰富的内涵。下面以数字“四”为例，对其在英语和汉语中的意义进行比较分析。

数字“四”在汉语中有着丰富的文化含义。受宗教影响，“四”在中国传统文化中是一个具有积极意义的数字。道教以“道、天、地、王”为“四大”，佛教以“地、水、火、风”为“四大”——这是构成物质的四大元素。儒家则以“大功、大名、大德、大权”为“四大”，同时以“孝、悌、忠、信”为“四德”。另外，基于对自然界中某些规律和现象的观察，古人还用“四”进行时空划分。例如，一年分为“春、夏、秋、冬”四季，地理方位分为“东、南、西、北”四方，哺乳动物有四肢。作为时空方位词，“四”在人们的日常语言中使用广泛，如汉语中有“四海为家”“四海升平”“四海之内皆兄弟”“四郊多垒”“四面八方”“四面楚歌”“四平八稳”等等，都用“四”来表示方位。由于“四”在方位上的相互对应反映了中华民族追求平和生活的心理，所以“四”的使用又延伸到其他领域。人们喜欢用“四”来归纳总结社会生活、自然环境中的各种现象。比如，表示自然地理方位的有“四大江河、四大湖泊、四大佛山、四大石窟”；与人文社会生活相关的有“四大发明、四大名亭、四大名旦、四大书院、文房四宝、四大藏书楼、北宋四大家、南宋四大家、四大徽班、四大古典名著、四大名绣、四大美女、四大天王、四大金刚、四喜丸子”等等。

不仅如此，在中国近现代史上也有一些与“四”相关的词语，如“四大家族”“四渡赤水”“干部四化”“四个现代化”“四项基本原则”等。但由于“四”与“死”谐音，数字“四”又有了不吉祥的消极含义，人们在日常生活中逐渐对“四”产生了反感，觉得“四”不吉利。

英语中的“four”虽然在历史上也存在许多含义，但总体而言，它所表达的还是以物质世界的构成要素为主。如古希腊文明认为世界由“土、水、气、火”（earth, water, air and fire）四大元素构成，同时西方文明还认为地球存在“四个角落”（the four corners of the earth）。在政治上，美国前总统罗斯福提出了有关美国社会的“四大自由”（Four Freedoms）的思想，即言论自由（freedom of speech and expression）、信仰自由（freedom of worship）、免于贫困的自由（freedom from want）和免于恐惧的自由（freedom from fear）。

三、英汉颜色文化从词汇寓意对比 *

色彩是人类生活的重要组成部分，五彩缤纷的颜色使我们的世界更加

* 本部分内容主要参考李红梅、张鸾、马秋凤（2016）。

绚丽多彩。不同的民族用不同的语言形式描述多彩的颜色，在汉英两种语言中，表示色彩的词语在语义上有着相当程度的一致性和相似性，但含义却不尽相同。依据光学原理，可见光波可分解为红、橙、黄、绿、蓝、靛、紫七种基本颜色，当两种语言中的颜色词所反映的事物和现象具有相同的概念意义时，表明两个民族对同一种颜色具有共性的认知。在汉英两种语言中，有时表示相同色彩概念意义的词语却表达着完全不同的引申义和联想义。通过对不同颜色词语内涵意义的分析，可以在深层结构上了解使用这种语言的民族及其文化。不同民族对颜色词的使用和爱憎反映出各自的文化意识、审美价值观、心理因素等方面的差异，并赋予颜色词特定的文化含义。语言是思想的直接体现，也是社会和文化现象的表征载体，颜色词所表征的色彩属性和寓意体现在话语中时比其字面意义更丰富，负载着更深刻的社会文化内涵。下面以红色为例，对其在英语和汉语中的意义进行比较分析。

红色在中国传统文化中是一种表示富贵、喜庆，能给人带来积极向上的乐观精神的颜色。中国人结婚、过节和欢庆胜利时都喜用红色作为主色调。红色是中国人婚礼中的标志性色彩，如红色的对联、红色的“喜”字、红色的窗花、红色的灯笼、红色的蜡烛等。与红色相关的语言表达被赋予了积极的情感意义，汉语中有各种各样由“红”字构成的词语。如表示兴旺发达的有“红日高照”“开门红”“满堂红”“红光满面”“分红”“红利”等，表示吉利、交好运的人或事有“红人”“红利”“红运”“红角”“红蛋”“红白喜事”“红榜”“红包”“红火”“大红灯笼”等，表示革命精神、积极向上的人或事有“又红又专”“红军”“红心”“红领巾”“红旗”“红区”等，描述容颜健康美丽的有“红光满面”“红妆”“红男绿女”等。当“赤”表红色义时，也有不少词语表达相似的文化含义，如“赤卫队”“赤胆忠心”“赤诚”“赤忱”“赤心”“赤子”等。

同汉语中的红色一样，英语中的红色也有着众多含义和搭配。一般说来，英语中的红色除表示色彩外，也有表示喜庆的含义，如“roll out the red carpet for sb.”（铺上红地毯隆重欢迎某人）、“red-carpet”（铺红地毯的、待作上宾的）；但是在英语中，红色还表示危险和停止，这源于铁路的红色信号旗，所以“red flag”有表示危险或警告的意思（something that shows or warns you that something might be wrong, illegal, etc.）。

（1）英汉语均用“红”（red）构成的意义相同的词语

red meat（红肉，即牛羊肉）
red card（红牌）
red bird（红雀）
red cross（红十字）
red ink（红墨水、业务亏损）
red army（红军）
red rose（红玫瑰）
red lantern（红灯笼）
red pepper（红辣椒）
red chip share（红筹股）
red copper（红铜）
red pencil（红铅笔）
red scarf（红领巾、红围巾）
red and swollen（红肿）
red carpet（红地毯）
red-light district（红灯区）
red-eye flight（红眼航班、夜间飞机）
red blood cell（红细胞）

（2）英语中用“red”而汉语中不用“红”的词语

red cent（一分钱）
red man（印第安人）
redroot（美洲茶）
red gold（玫瑰金）
red tiger（美洲虎）
red ruin（火灾）
red tape（繁文缛节）
red ball（特快列车）
redneck（乡巴佬）
red chicken（海洛因）
red hot（炽热的、狂热的）
to see red（发火、火冒三丈）
to be caught red（现场被捕）
in the red（赔本、亏损）
to paint the town red（寻欢作乐）
to have red hands（犯杀人罪）

a red-letter day（喜庆之日）
red battle（血战）
dirty red（暗红色）
red heat（赤热）
red sky（彩霞）
to roll out the red carpet（隆重欢迎）

（3）汉语中用“红”而英语中不用“red”的词语

红运（good luck）
红茶（black tea）
红利（dividend、bonus）
红尘（human society）
红光满面（glowing with health）
红绿灯（traffic lights）
红薯（sweet potato）
红外线（infrared ray）
红药水（mercurochrome）
鲜红 / 朱红（scarlet）
红糖（brown sugar）
（扑克牌中的）红桃（heart）
红得发紫（extremely popular）
红榜（honor roll）
红眼病（green eyed）
红（壳）鸡蛋（brown eggs）
红豆（ormosia）
红烧肉（braised pork in brown sauce）
红白喜事（weddings and funerals）
红极一时（be well-known for a time）

第四章 句法与文化

第一节 英汉语言的句法特征

一、句子概念对比

句子是语言中表达完整思想的基本单位，通常由若干词语按照一定的语法规则组合而成。然而，由于英语和汉语在语法结构、词汇使用和表达方式上的不同，句子的构成和呈现形式也表现出各自的特色。

英语的句子是一个独立的语法单位，包含一个主语和一个谓语，能够表达一个完整的思想或陈述一个完整的事实。句子必须满足语法上的完整性，即包括主谓结构和可能的宾语或其他语法成分，形成语法导向型结构；同时，英语的句子作为语言表达的基本单位，具有独立传达信息的功能。每个英语句子在语法和语义上都应该足够完整，使读者或听者能够理解其含义并从中获取所需的信息；在句末标点符号上，英语句子通常用句号"."、问号"?"、感叹号"!"等标点符号来反映句子的语气和意图，如陈述、疑问、感叹等。潘文国（1997）对句子的定义是："我们可以把英语句子的定义说得更简单一些：表达一个完整的意思，在书面上用句号、问号或感叹号结束的语言片段叫句子，可以是简单句（simple sentence），也可以是复合句（compound sentence）或复杂句（complex sentence）；可以是双部句（two-member sentence），还可以是单部句（one-member sentence）。"

汉语的句子侧重于表达完整的意思或信息，而不一定要依赖严格的语法结构。汉语句子可以通过语序、语气词和上下文等方式来表达，因而在语法上更为灵活多样，形成了意义导向型结构。汉语句子的定义不像英语那样强调严格的语法规则，而更注重语境和语气的影响。汉语句子可以通过调整语序和使用语气词来表达不同的语义和情感，从而使句子在交流中更具表现力和适应性。在句末标点符号的使用上，汉语句子同样以句号“。”、问号“?”、感叹号“!”等标点符号来标示句子的结束，但其使用方式可能会受到语境和句子类型的影响，比如在书面语中使用全角标点。

此外，在英汉两种语言中，虽然句子作为语言表达的基本单位，在语法结构、形式和功能上有着相似之处，但其背后的文化背景和语用规则却存在显著的差异。具体表现在以下几个方面：

1. 文化认知与表达方式

英语文化强调直接、清晰、有逻辑的表达方式。英语句子通常直截了当，语法结构严谨，强调语法规则的正确性和语义的一致性。英语句子在交流中被视为信息传递的有效工具，因此倾向于直接表达思想，以减少歧义和误解。

汉语文化注重含蓄、间接和委婉的表达方式。汉语句子常常通过上下文、语气和语境来表达更为复杂的意义和情感，强调言外之意和文化内涵的传达。汉语句子的组织更为灵活，允许省略和语序的调整，以适应不同的交际需要和不同的社会文化背景。

2. 礼貌与语用规范

英语在句子的使用中注重礼貌和客观性。英语句子通常直接表达说话者的意图和看法，遵循明确的语法结构和语用规范。礼貌用语和委婉表达在英语中也存在，但相对于汉语而言，其使用频率较低。

汉语在句子的使用中常常使用敬语、委婉语和间接表达方式，以表示对对方的尊重，保持社交关系的和谐。汉语句子可以通过语气词、语态和词语的选择来体现说话者的敬意，反映出深厚的文化传统和一定的社会行为习惯。

3. 文化背景和惯用表达

英语句子的理解和使用往往受到西方文化和传统的影响。许多英语句子和习语具有深刻的文化内涵和历史背景，需要结合特定的文化背景才能完全理解其意义和用法。

汉语句子反映了中国文化独特的价值观和思维方式。汉语中许多成语、俗语和文化象征在句子中的运用，常常体现出深厚的历史和哲学内涵，需要结合中国文化背景才能准确理解其意义和意图。

4. 句子的社会功能

英语句子在社会交流中通常被用于清晰地传达信息、表达观点和交流思想。英语句子的语法结构和逻辑性使其成为国际交流和跨文化沟通的重要工具。

汉语句子除了用于信息传递和观点表达外，还具有表达情感、强调社交关系和文化认同等功能。汉语句子的灵活性和多样性使其在不同社交场合和文化环境中都能有效地发挥作用。

二、语法概念对比

语法是一种语言组词造句的规则。不同语言的语法规则呈现出不同的特点，这主要是由语言的基本结构单位的特点决定的。“语言的基本结构单位，汉语只有一个，这就是字，而印欧语有两个，这就是词（word）和句（sentence）。”（徐通锵，1997）从理论上说，一种语言的基本结构单位应该只有一个，而印欧语言却有两个，因此这两个单位必须紧密结合，合二为一，用徐通锵的话来说，就是“拧成一股绳”，扮演一个基本单位的角色，这样才能造出符合规则的句子。英语属于印欧语系，从其形态和类型特征上可以解释为什么英语的语法分为“词法”和“句法”两大部分。这种语法体系又称“双轨制语法”，其中一轨是以主谓结构为框架的句法，另一轨是和句子结构成分有对应关系的名词、动词、形容词等词类。这两轨相互支撑，互为依存。徐通锵把它们比作演戏，主谓框架好比是舞台，名词、动词、形容词、副词是演员，主语、谓语、宾语、定语、状语犹如演员所扮演的角色，而一个个具体的句子就犹如一出出戏剧。演员、角色和舞台在演出中相互依存，形成一个整体，缺一不可。这种“双轨制”特征是英语语法的核心特征。句法和词法搭建的这个“龙骨”框架支撑着英语语法体系的全面展开，任何纷繁复杂的语法现象均可找到自己的归属与坐标。

汉语的语法规则与英语大不相同。汉语的基本结构单位是字，没有形态变化，不受一致关系之类的规则的约束，造句时更没有二轨合一的要求，所以语法结构与英语有很大的差异。英语语法结构的特点是形合，即词与词之间的关系有明显的形态变化标志；而汉语的语法特点是意合，就是“已知的信息”统率、驾驭“未知的信息”，其在语言中的表现形式大体上就是“前管后”或“上管下”，即前字管辖后字，上句启示下句的语义范围和陈述走向。这种“管”是指句法结构成分的排列顺序映照它们所表达概念的现实事件的先后顺序。“前”的语义信息是已知的，由它选择、组配“后”的未知信息。汉语句子的结构也不同于英语，其基本构成模式是“话题 + 说明”（topic + comment，简称 TC）。主谓结构与“话题 + 说明”结构的不同主要表现在：

（1）主语和谓语存在着形式上的一致关系，而话题和说明与这种一致关系无关。

（2）话题是先定的，是说话人强调的对象，一般都置于句首作为陈述的对象；而主语是现定的，甚至还可以出现由“it、there”这样的填补词充当的虚位主语。由于有主谓一致关系的制约，主语不一定非置于句首不可。

（3）主语和谓语之间因为有一致关系作为融合剂，所以相互之间的联系非常紧密，而话题和说明之间的联系却是非常松散的。这种松散有时会显得不太合乎情理，比如：“说谁呢？你（的鞋子）比我（的鞋子）还破。”在汉语的表达习惯中，括号中的内容不用说出来，这句话在一定的语境中也是成立的，而这在英语中是不可想象的。

汉语句子的这种“话题 + 说明”的结构模式，使句子呈现出层层套合的分析特点，犹如剥洋葱。如“我今天家里有事”中，“我”是话题，其余部分是说明；“今天家里有事”中，“今天”是话题，其余部分是说明；“家里有事”中，“家里”是话题，“有事”是说明。“话题 + 说明”也有可能使句子呈现出层层推进的分析特点。如“东方红，太阳升，中国出了个毛泽东”中，“东方红”是“话题 + 说明”，“太阳升”是“话题 + 说明”，“东方红”与“太阳升”也构成一个“话题 + 说明”；同时，“东方红，太阳升”又与后面的“中国出了个毛泽东”构成一个“话题 + 说明”。层层套合与层层推进的基本思想和意图是一样的，都是一层套一层，所以有学者将汉语的句子结构形象地比喻为“竹式结构”。

三、句法层面特征对比

词序是句法结构中最显著的特征。英汉两种语言简单句的基本词序相同，但定语和状语（时间状语和地点状语）的位置有所不同。英语和汉语简单句通常采用主谓宾（SVO）结构，但在一些复杂句子中，英汉的词序有明显不同。名词短语做定语时，英语既可以置于被修饰语之前，也可以置于被修饰语之后，而汉语的定语则通常置于被修饰语之前。状语在英语中相对灵活，可以位于句首或句末；而在汉语中，状语通常位于动词之前。时间状语和地点状语的顺序在英汉中也有所不同，英语通常是地点在前、时间在后；而汉语则通常是时间在前、地点在后。

语态是语言另一个重要的句法特征。英语频繁使用被动语态，通过语法形式强调动作的承受者；而汉语则较少使用被动语态，更倾向于通过语境来表达被动意义。在英语中，使役动词的使用也非常普遍，如“make”（使）、“let”（让）等；而汉语中的使役动词通常直接用动词加“让”字结构来表示。

从句的使用在英汉两种语言中也有很大差异。英语中，定语从句常用关系代词引导，如“who ”（谁）、“which”（哪一个）、“that”（那个）等，而汉语则通常直接用“的”字结构来连接；状语从句在英语中由连接词引导，如“because”“if”“although”等，而汉语则通过“因为”“如果”“虽然”等词直接引导；名词从句在英语中通常由连接词“that”引导，而汉语则通常直接使用，无须连接词。这些差异在复合句的理解和翻译中尤为重要。

主谓宾结构在英汉两种语言中虽然基本一致，但在具体表达上仍有差异。英语的主语、谓语、宾语位置较为固定，而汉语的句子结构相对灵活，主语、谓语、宾语的位置可以根据语境和需要进行调整。这种灵活性使得汉语在表达复杂思想时更加简洁。

句法结构与意义之间的关系是辩证统一的。句法结构作为语言的形式，通过一定的规则和模式组织语言成分，传达特定的意义。尽管形式是为意义服务的，但两者并不完全等同。不同的句法结构在传达相同或相似的意义时，会呈现出不同的形式；相同的句法结构在不同的语言中使用时，也可能会传达出不同的意义。英汉句法在形式上的差异，往往导致意义表达上的不同。下面将对英汉句法层面的特征进行详细对比分析。

1. 词序的异同

（1）基本词序

英汉两种语言在简单句的词序上基本相同，均使用主谓宾（SVO）结构。例如：

英语：She　loves　music.（她喜欢音乐。）
　　　主语　谓语　宾语
　　　S　V　O

汉语：她　喜欢　音乐。
　　　主语　谓语　宾语
　　　S　V　O

尽管基本句型一致，但在一些复杂句子中，两种语言的词序差异较为明显。例如，英语中经常使用从句来添加信息，而汉语则更多地使用并列短语或通过扩展句子结构的方式来添加信息。

（2）定语的位置

英语的定语有时置于被修饰语之前。例如：

a beautiful	flower（一朵美丽的花）
定语	被修饰语

汉语的定语也置于被修饰语之前。例如：

一朵　美丽的	花
定语	被修饰语

但当定语较长时，英语往往采用后置定语，这在汉语中比较少见。例如：

the book	that he gave（他送的那本书）
被修饰语	定语

（3）状语的位置

英语状语的位置相对灵活，但通常位于句首或句末。例如：

He	runs	quickly.（他跑得很快。）
主语	谓语	状语
Quickly,	he	runs.（他跑得很快。）
状语	主语	谓语
She	will come	tomorrow.（她明天会来。）
主语	谓语	状语

汉语的状语通常位于动词之前。例如：

她　　　明天　　　会来。

主语　　状语　　　谓语

（4）时间状语和地点状语的顺序

英语的状语通常是地点在前、时间在后。例如：

He will meet you at the park at 5 p.m.（他下午五点会在公园见你。）

地点状语 时间状语

汉语的状语通常是时间在前、地点在后。例如：

他下午五点会在公园见你。

时间状语　地点状语

2. 语态的差异

（1）被动语态

英语中，被动语态使用频繁，用以强调动作的承受者。例如：

The cake was eaten by John.（蛋糕被约翰吃了。）

The letter was written by Mary.（信是玛丽写的。）

汉语则通常采用主动语态，有时也用“被”字来表示被动，但使用频率较低。例如：

约翰吃了蛋糕。/ 蛋糕被约翰吃了。

信是玛丽写的。/ 信被玛丽写了。

（2）使役动词

英语和汉语在使役动词的使用上也有不同。例如：

She made him clean the room.（她让他打扫房间。）

He let her go.（他让她走。）

3. 从句的使用差异

从句是复合句的重要组成部分，英汉两种语言在从句的使用上也存在明显差异。

（1）定语从句

英语的定语从句常用“who、which、that”等关系代词引导，汉语的定语从句通常直接用“的”字结构。例如：

The book that you gave me is interesting.（你给我的书很有趣。）

The girl who is singing is my sister.（正在唱歌的女孩是我妹妹。）

（2）状语从句

英语的状语从句由“because、if、although”等连接词引导，汉语的状语从句通常由“因为、如果、虽然”等引导。例如：

I will go if it doesn't rain.（如果不下雨，我就去。）

She stayed at home because she was sick.（她因为生病待在家里。）

（3）名词从句

英语的名词从句通常由连接词“that”引导，汉语的名词从句通常直接使用，不用连接词。例如：

I know that he is coming.（我知道他要来。）

She believes that it will rain.（她相信会下雨。）

4. 主谓宾结构

英汉两种语言中，主谓宾的语序及语素的位置基本相同。

（1）主语

英语和汉语做主语的人称代词或名词通常放在句子的开头。例如：

John　　reads　　a book.

约翰　　读　　书。

（主语 S + 谓语 V + 宾语 O）

（2）谓语

英语和汉语的谓语动词一般置于主语之后、宾语之前。例如：

John　　reads　　a book.

约翰　　读　　书。

（主语 S + 谓语 V + 宾语 O）

（3）宾语

英语和汉语的宾语名词或名词短语通常置于谓语动词之后。例如：

John　　reads　　a book .

约翰　　读　　书。

（主语 S + 谓语 V + 宾语 O）

5. 句法结构与意义的辩证关系

在英汉句法中，形式与意义的关系是辩证统一的。句法结构是语言形式的重要组成部分，而意义则是通过这些形式传达出来的。尽管形式是为意义服务的，但两者并不完全等同。不同的句法结构在传达相同或相似的意义时，会呈现出不同的形式；而相同的句法结构在不同语言中的使用，也可能会传达出不同的意义。英汉句法在形式上的差异往往导致意义表达上的不同。下面将详细探讨句法结构与意义之间的辩证关系，通过具体例子来说明形式如何影响意义，以及意义如何制约形式。

句法结构作为语言的骨架，直接影响到信息的组织和传递方式。在英语中，复杂句往往通过嵌套从句来实现，而汉语则更倾向于使用并列短语或句子连接词来表达复杂的逻辑关系。比如，在表达原因、条件、结果等逻辑关系时，英汉两种语言所采用的句法结构可能大相径庭。

此外，句法结构的选择也反映了语言使用者的思维方式和文化背景。英语属于印欧语系，句法结构较为固定，依赖语态和从句来表达细腻的逻辑关系；而汉语作为汉藏语系的一员，句法结构相对灵活，更加依赖语境和词序来传递信息。这种结构上的差异不仅影响信息的表达方式，而且也会影响信息的接收和理解。

形式的不同导致意义的变化。英汉两种语言在表达时间、被动、条件等概念时，形式上的差异会导致意义的变化。

（1）时间表达

在时间表达方面，英语通过动词的时态变化来明确表达时间意义，不同的时态形式直接反映动作发生的时间点；而汉语没有时态变化，时间的表达更多依赖时间词或上下文。例如：

He runs.（他跑。——现在时）

He ran.（他跑了。——过去时）

He will run.（他将跑。——将来时）

在这些英语句子中，动词的时态变化清晰地传达了动作发生的时间。再看汉语：

他现在跑。/ 他跑。（通过“现在”或上下文表明现在时）

他昨天跑了。（通过“昨天”表明过去时）

他明天会跑。（通过“明天”表明将来时）

从上面的例子可以看出，汉语通过时间词来传递时间信息，而动词形式保持不变。这种差异不仅是语言形式的不同，也反映出两种语言在时间表达上不同的思维方式。

（2）被动语态

被动语态在英语中使用频繁，通过语法形式强调动作的承受者；而汉语较少使用被动结构，更多依靠语境来传达被动意义。例如：

The cake was eaten by John.（蛋糕被约翰吃了。）

The letter was written by Mary.（信是玛丽写的。）

在上述句子中，动词的被动形式（“was eaten、was written”）清楚地表明了被动关系。

尽管汉语中也可以使用“被”字结构来表示被动，但在多数情况下，汉语更倾向于使用主动句式，通过语境来传达被动含义。例如：

约翰吃了蛋糕。（尽管是主动式，但在特定语境下可理解为被动）

（3）条件句

英语和汉语在表达条件关系时的结构也有所不同。英语常用“if”等连词引导条件句，而汉语则直接使用“如果”等词。例如：

If it rains, we will stay at home.（如果下雨，我们会待在家里。）

If she comes, tell me.（如果她来，告诉我。）

汉语中，“如果”起到类似“if”的作用，但结构上更为简洁直接。

（4）定语从句

英语的定语从句通常使用关系代词，如“who、which、that”等。例如：

The boy who is playing football is my brother.（正在踢足球的那个男孩是我弟弟。）

The girl who is singing is my sister.（正在唱歌的女孩是我妹妹。）

汉语通过“的”字结构来连接定语从句和被修饰的名词，结构上更为简洁。

（5）状语从句

英语的状语从句使用连接词引导，如“because、if、although”等。例如：

She stayed at home because she was sick.（她因为生病待在家里。）

I will go if it doesn’t rain.（如果不下雨，我就去。）

汉语直接使用“因为、如果”等词来引导状语从句，形式上与英语不同。

通过以上例子可以看出，尽管英汉两种语言在许多方面表达的意义是相同的，但由于句法结构上的差异，具体的表达形式却有很大不同。这种形式与意义的辩证关系反映了两种语言在表达同一概念时的独特性和复杂性。理解和掌握这些差异，对于提高英汉双语互译能力以及语言学习者的句法知识水平具有重要意义。

四、英汉句子区别性特征对比总结

对比英汉两种语言的句子特征，英语句子的语法结构具有较强的规范性，通常采用主谓宾（SVO）结构。这种结构强调语法的规范性和逻辑性，使得句子在表达上更为清晰、直接，在信息传递上具有直接性，倾向于直接传达信息，注重语法的正确性和句子的完整性。每个英语句子都被视为一个独立的语法单元，能够清晰地陈述观点或描述事件。在语气和情感的表达上，英语句子通常较少使用语气词，更多地依赖语法结构和词汇选择来表达语气和情感。这种表达方式使得英语在正式场合和学术场合中尤为适用。

汉语句子的语序相对比较灵活，可以通过调整句子成分的顺序来强调不同的信息或情感色彩。汉语句子并不一定要遵循主谓宾结构，语序的变化可以产生不同的语义效果。汉语句子注重语境和语气，常使用语气词和语态来增强语义的表达。这种方式使得汉语在交流中更具有灵活性和表现力。汉语句子常常融入丰富的文化内涵和象征意义，反映出中国文化的价值观和思维方式。成语、俗语的使用频率比较高，听话人需要深入了解中国文化背景才能准确理解其中的含义。

总之，英语和汉语在句子结构、表达方式和语境运用上存在显著差异。英语强调语法结构的规范性和直接性，适用于明确的、有逻辑的信息传递；而汉语则注重语境的影响和语气的表达，表现出灵活性和文化深度。理解和掌握这些区别有助于语言学习者更有效地运用两种语言，促进跨文化交流和理解。

第二节　英汉语言语序的民族思维特性

语言被视为思维的重要媒介，因为思维往往需要借助语言来进行，而且思维成果通常需要通过语言来表达。语言的结构特点通常反映了一个文化背景下的思维方式。不同民族的思维方式是在长期的历史和文化影响下逐渐形成的，因此具有明显的民族特征。这种思维方式的影响通常会贯穿于该民族的语言中，不论个体进行何种方式的交际，都难以避免地受到本民族思维方式的影响。以哲学思想为例，中国文化受到“天人合一”哲学思想的影响，因此中国人倾向于整体思维和直觉思考。西方文化则受到“天人相分”哲学思想的影响，因此西方人更倾向于逻辑思维和理性分析。这两种思维方式在语言结构和表达方式上产生了显著的差异。汉语作为中华文化的代表语言，具有显著的意合特征，强调整体性和形象化的表达；相反，英语等西方语言则具有显著的形合特征，倾向于分析和逻辑推理。因此，不同文化背景下的思维方式在语言中体现出明显的差异，这也反映出语言与思维方式之间的紧密联系。

汉语整体性思维形成的汉语语言特点，就是思维主体和思维对象之间的界限非常模糊，强调由整体到局部、由内到外的领悟方式。汉语语法是柔性的，重意合，表现为竹式结构，习惯靠语义或语句意义的联系来体现语言形式的完整，重语义的连贯。思维主体和思维对象之间的模糊性表现为：中国人听到“孔雀东南飞，五里一徘徊”时，感觉很美；可西方人听了就很困惑：是一只孔雀还是两只？这只孔雀是雌的还是雄的？再如，老子《道德经》开头第一句就是：“道可道，非常道；名可名，非常名。”这句话中没有连接词，但是中国人一读就懂，因为这是符合我们的思维习惯的，所以理解起来并不难。

而西方民族的思维特点是分析性思维，因此其语言特点表现为思维主体和思维对象之间的界限比较清楚，强调由局部到整体、由外到内的分析方式。英语语法是刚性的，重形合，表现为树式结构，习惯靠形态标记来体现语言形式的完整，重形式的照应。重形合、重形式的照应直接表现在：英语中单数第一人称和单数第三人称后面接的动词形式要与人称保持一致，如“I often have breakfast. He often has breakfast. ”英语中许多从句里含有逻辑主语，连接词与从句的动词要保持一致，讲究形式上的完整。

两种语言的差异更体现在英汉互译中。在英译汉时，英语的连接词表现得不是特别明显；但在汉译英时，要特别注意添加连接词。例如：

原文：如果有人问起我的职业，我就告诉他：我当过教员，又当过翻译，当编辑的年月比当教员多得多，现在眼睛坏了，连笔画也分辨不清了，有时候免不了还要改一些短稿，自己没法看，只能听别人念。(叶圣陶《我和商务印书馆》)

译文：If I’m asked what profession I’ve been following，I say I’ve been a teacher and editor with a much longer experience in editing than teaching. Now, because of my failing eyesight, I even have difficulty in identifying Chinese characters. Nevertheless, occasionally I'm still called upon to revise some short articles. Unable to read the manuscript well, I have to rely on someone to read them out for me.（张培基译）

追根究底，这些差异可以从以下几方面分析。

一、汉民族的思维特点与文化心理 *

（一）构词时语素的排列顺序

首先，汉语的构词语素反映了汉民族特有的伦理观念。汉语双音节词中有一部分联合式复合词，构成这类复合词的两个词根语素在排列时有特定的顺序，比如：先尊后卑，如“君臣、首领、将士、官兵、夫妻、主仆、师生、朝野”等；先长后幼，如“父子、母子、婆媳、祖孙、老幼、叔侄、儿孙、姐妹、兄弟”等；先主后从，如“主次、纲目、本末、公私、城乡、妻妾”等。以上复合词中，两个词根语素的排列顺序反映了汉民族特有的伦理道德观念。

在中国几千年的封建统治中，儒家思想一直居于主导地位，其核心思想之一就是重视“礼”。“礼”的本质是强调人伦关系。儒家认为，社会是由不同的人构成的群体，这个群体必须具有一定的秩序，这种秩序要靠人伦关系来维系，才能保持群体的稳定与平衡，促进群体的统一和发展。所谓人伦关系，就是处在同一个社会中的人与人之间的等级和关系，它是构成社会必不可少的要素，其界限也是不可逾越的。正如孔子在回答齐景公问政时提到的“君君、臣臣、父父、子子”一样，人与人之间社会地位的尊卑之分、年龄辈分的长幼之分、人际关系的主从之分，在儒家思想中有着清晰的界限。儒家的这种伦理观念已经融入人们的日常言行，成为中国人认识世界、表达

---

* 本部分内容主要参考宋颖桃（2008）。

世界的一个基点，支配着人们的思维方式和语言表达方式。汉语复合词中语素的排列顺序反映了汉民族深受传统儒家文化思想影响的先尊后卑、先长后幼、先主后从等伦理观念。

其次，汉语的构词语素反映了汉民族以形象思维为主和由形象到抽象的思维特点。汉语中有很多偏正式复合词，其中位于前面的修饰语素多为通过视觉、触觉等感官可以直观感知的具体形象的内容，而位于后面的中心语素多为抽象概括的内容。例如："桃红、瓦蓝、草绿、枣红、梯形、冰冷、火热、黄梅雨、十字路口、鹅卵石、银环蛇、人梯、卫星城、仙人掌、鱼雷、金字塔"等。以上偏正式复合词中词根语素的排列顺序反映了汉民族以直观形象思维为主和由形象到抽象的思维特点。直观形象思维是一种偏重对事物进行整体综合思考的思维方式。这种思维方式往往从整体出发，以经验为基础，善于把握事物的外在形象。中国古代哲学讲求观物取象，即取万物之象，将其加工成具有象征意义的符号，来反映客观事物的规律。汉民族的思维特点就是善于以直观形象的实物为出发点，围绕意象来展开，始终以一种审美的、直觉的眼光来看待事物，在感性经验中积淀理性因素。汉民族这种重形象、重具体的思维特点直接影响了汉语的构词方式。汉语构词往往以具体实在、表象可触的客观事物作为心理延伸的基点，作为有丰富含义的词语的外壳，以具体形象表达抽象内容，或者将抽象内容隐含在形象后面或形象之中，从而使抽象的概念生动可感而有所依托。

（二）组句时词语的排列顺序

首先，汉语组句时词语的排序反映了汉民族善于从已知到未知的思维特点。汉语中有一组典型的句子，即"客人来了"和"来客人了"。这两句话中，"客人"一词所处的位置不同，表达的语义也完全不同。"客人来了"中的"客人"是确定的、事先知道要来的客人；而"来客人了"中的"客人"则是不确定的、事先不知道要来的客人。由以上两个句子可以看出，汉语在语序安排上善于从已知内容到未知内容，这样的表达方式深受汉民族思维特点的影响。汉民族在思考问题时，善于把已知的、确定的、与自己关系密切的人物、事情、关系放在首要地位，而把未知的、不确定的、与自己关系不太密切或比较疏远的人物、事情、关系放在次要位置。汉民族善于由已知到未知的思维特点从整体上影响了汉语的句法结构。汉语的句法结构以逻辑判断为基础，逻辑判断一般表现为主词和谓词两大部分，并且主词在前，谓词在后，符合从已知到未知的思维方式。

其次，汉语组句时词语的排序反映了汉民族参照点先于目标的思维特点。在汉语中经常可以看到这样的句子："小王正在图书馆认真地查阅资料。""他们将在明天下午三点举行一场别开生面的辩论赛。"汉语的句子结构常常按照"主语 + 状语 + 谓语 + 宾语"的结构顺序进行排列，这样的句法结构与汉民族参照点先于目标的思维特点有直接的关系。汉民族受儒家"天人合一"哲学观念的影响，形成了整体综合的思维方式，这种思维方式偏重于表现空间的流动性，在文化形态上体现为一种心理视点动态延展的时间流。汉民族这种重时间先后的思维方式表现在对参照点和目标的择取上，就是倾向于先选定参照点，后设计目标，即参照点先于目标的思维特点，其思维过程是"主体—行为标志—行为—行为客体"。这种思维特点在汉语句子中的表现是，汉语善于把对事物的描写当作一个过程，使之更直接、更直观、更接近事物本身的时间顺序，即行为标志通常放在动作行为之前，行为客体通常放在动作行为之后，一般情况下，定语放在中心语前面。汉语句法体现出的时间顺序原则，显示出汉语具有很强的临摹性。

（三）语篇中句子表达的顺序

汉语里，语篇中句子表达的顺序反映了汉民族的中庸思想。人们在描述地址时，习惯从大到小，即按照"国家—城市—街道—路名—门牌号"的顺序来表达。中国人在讲话或发言，尤其是致谢词时，总是把自己的成功首先归功于国家、集体或家庭的关心与帮助，其次才谈及个人的付出与努力。以上这些看似简单的表达习惯都反映出深受儒家文化思想影响的汉民族特有的文化心理。中国人认为，人的价值只有在社会关系中才能体现出来，人是所有社会角色的总和，任何个体都受到人伦与集体关系的制约，而人伦与集体关系的集中表现就是儒家的中庸之道。中庸之道历来被看作一种美德，孔子把中庸之道视为道德的最高境界，中国人也以中庸之道作为行为的基本准则。中庸之道强调人在各种社会关系中要以“仁、义、礼、智、信”的思想道德观念作为行动指南，待人接物、言谈举止要讲究温良、谦恭、礼让，以谦虚为荣，以虚心为本，反对过分地表现自我。这种思想的本质是通过协调性的伦理意识，实现文化与社会的自我肯定，表现出一种鲜明的集体意识和突出的群体性文化特征，即在任何时候都要以集体或群体为主、为先、为重，以个人为次、为后、为轻，不允许把个人利益凌驾于集体或群体利益之上。正是这种传统的中庸文化心理决定了汉语表达时由大到小、先群体后个人的表达习惯。

二、英汉思维差异的民族根源性

（一）“我”与“他”的差异

人们看待问题的角度，或者说表述问题的出发点有两种：人称（personal）表达法和物称（impersonal，非人称）表达法。人称表达法较为主观，其出发点是“我”；物称表达法较为客观，其出发点是“他”。人称表达法的背后是一种主体意识和主体思维。中国传统哲学和思想注重悟性，主张积极参与，强调主体意识，在思维方式上更多地体现为以“人”（主体）为出发点。西方的哲学思想主张理性，强调保持物我之间的距离，认为只有拉开了距离，才能对研究对象进行冷静的剖析。这种理性的主张要求主客体分明，需要强调主体意识（人）时就强调主体意识，需要强调客体意识时就强调客体意识，所以英语思维中主体意识和客体意识兼有。而汉语思维中主体意识占据主流，客体意识比较微弱，甚至可以忽略不计。客体意识在语言中表现为物称表达法。

由于汉语是主体思维“独家唱戏”，英语中的物称表达法在汉语中只能对应人称表达法。例如：

His absence of mind during the driving nearly caused an accident.（他开车时心不在焉，几乎闯了祸。）

My nephew Jorge has a money box, but very few of the fifty pence pieces and pound coins I had given him have found their way there.（我的外甥乔治有个储蓄罐，但是我给他的那些五十便士和一英镑的硬币，他很少往里面存。）

Something must have gone wrong with this computer.（这台电脑肯定是出问题了。）

A strange peace came over her when she was alone.（她独处时总是能感受到一种特殊的宁静。）

Suddenly a fantastic idea came across his mind.（他忽然想出一条妙计。）

It is necessary for us to have some exercise every day.（我们每天有必要做一些运动。）

It never occurred to me that she was so dishonest.（我从来没有想到她这么不诚实。）

Table tennis is played everywhere in China.（中国到处都打乒乓球。）

Made in China.（中国制造。）

（二）虚与实的差异

这里的“虚”指抽象，“实”指具体。英语对名词表达法的频繁使用在很大程度上造成了表达方式的名词化，而名词化的发展往往导致表达的抽象化，从而形成另一种表达方式——抽象表达法。

抽象表达法的主要实现手段之一是大量使用抽象名词。抽象名词的特点是含义概括、指称笼统、语义模糊、覆盖面广、言曲意绕、虚泛隐晦。例如：

The signs of the times point to the necessity of the modification of the system of administration. (= It is obvious that the administrative system must be modified.)(很明显，管理体制需要改革。)

The absence of intelligence is an indication of satisfactory development. (= No news is good news.)(没有消息就是好消息。)

The actual date of the completion of the purchase should coincide with the availability of the new facilities. (= The purchase should not be completed until the new facilities are available.)(必须等到有了新设备，才能购买这批货。)

这种抽象表达法在英语中的使用相当普遍，尤其常用于社会科学论著、官方文章、报刊评论、法律文书、商业信件等文体。

抽象表达法的实现手段之二是使用介词。英语的介词属虚词类，在句中不能独立充当任何成分，但是运用却十分活跃。介词又称前置词，置于名词或名词性短语之前。由于英语多用名词，所以必然也要多用介词，于是形成了强势的介词表达法。介词的强势和名词的强势相结合，使英语抽象表达法这一特点更加突出。虚化的介词表达在汉语中对应的往往是具体的动作。例如：

the government of the people, by the people and for the people (民有、民治、民享的政府)

Up the street they went, past the stores, across a broad square, and then entered a huge building. (他们沿着大街走去，经过许多商店，穿过一个大广场，然后进入一座大厦。)

The manager is on the phone.（经理正在打电话。）

They are against reform.（他们反对改革。）

My children are at their books.（我的孩子都在看书。）

Tian An Men looks grander than ever with all the lights on.（灯都亮起来的时候，天安门显得更雄伟了。）

The judge sat in the dining-room amid his morning mail.（法官坐在餐厅里处理一堆早班邮件。）

I understand that he is in for a job in the company.（我知道他在申请公司的一个职位。）

If your mother sees your tom trousers, you'll be in for it.（要是你妈妈看到你的裤子破了，你得吃不了兜着走。）

与英语相比，汉语用词倾向于具体，经常以“实”的形式表达“虚”的概念，以具体的形象表达抽象的内容。英语之所以能够形成丰富的虚化表现手段，是因为英语是形态语言，而且名词性后缀多，可以形成大量的虚化名词。例如：

“-ness”表示“性质、状态、程度”等：oneness、disinterestedness、thoughtfulness、carelessness、fullness、emptiness

“-tion”表示“动作、状态、结果”等：characterization、utilization、internationalization、examination

“-ism”表示“主义、学说、信仰、行为、行动、状态、特征”等：mysticism、vandalism、criticism、behaviorism、socialism

“-ity”表示“性质、状态、程度”等：purity、modernity、stupidity、formality、mobility、flexibility

当然，现代汉语中有不少名词带有“性”“化”“度”“品”“主义”等抽象词尾，但是这些名词主要是从英语相应的抽象名词翻译而来的，属于汉语化的外来语，并非汉语所固有。汉语中传统的表达抽象概念的词语，似乎远不及英语那么抽象，如《三字经》中论述品德的一些词语："性相近，习相远""曰喜怒，曰哀惧，爱恶欲，七情具"。这些抽象名词均无英语式的虚化词缀，少有抽象的特征，倒有形象的感觉。由于汉语没有英语式的虚化手段，因此常用比较具体的方式来表达抽象的意义。如果说抽象虚化是英语的特点，那么形象具体就是汉语的特点。例如：

He had surfaced with less visibility in the policy decisions.（在决策过程中，他已经不那么抛头露面了。）

A foretaste of the seriousness of incivility is suggested by what has been happening in Houston.（休斯敦发生的情况表明，如果不讲文明，将会产生何种严重的后果。）

To help myself live without fault, I made a list of what I considered the 13 virtues. These virtues are 1 Temperance, 2 Self-control, 3 Silence, 4 Order, 5 Firmness of mind, 6 Savings, 7 Industry, 8 Honesty, 9 Justice, 10 Cleanness, 11 Calmness, 12 Morality and 13 Humbleness.（为了使自己在生活中不犯错，特列出我认为应该身体力行的 13 条守则。这些守则是：1. 节制饮食；2. 自我克制；3. 沉默寡言；4. 有条不紊；5. 坚定信念；6. 勤俭节约；7. 工作勤奋；8. 忠诚老实；9. 办事公正；10. 衣冠整洁；11. 平心静气；12. 品行高尚；13. 谦虚恭顺。）

I ask gentlemen, sir, what means this martial array, if its purpose be not to force us to submission?（请问诸位先生，摆出这种张牙舞爪的阵势，如果不是为了让我们屈服，还有什么目的呢？）

（三）语序差异*

英汉民族思维的一个重要差别就是英语民族倾向于直线思维，而汉民族倾向于曲线思维。所谓直线思维，就是先把重点、结论性或判断性部分放在句首，然后再详细叙述具体情节和背景；所谓曲线思维，就是习惯从侧面说明，先阐述外围环境，最后才点出话语的信息中心。因此，英语句式结构多为前重心，头短尾长，新信息在前、已知信息在后，重要信息在前、不重要的信息在后；而汉语句式结构则多为后重心，头长尾短，先旧后新，先轻后重。英语是右分支结构，即属于从属成分的修饰语位于核心词之后，这样的词序保证了传递核心信息的核心词率先出现；而汉语的情况正好相反，是左分支结构，修饰语均位于核心词或被修饰语之前，传递核心信息的核心词在后。倾向于直接性的英语民族喜欢将核心词放在修饰语前面。如果修饰语较短，可以置于核心词之前；但如果修饰语较长，就必须置于被修饰语之后，以确保表示核心意义的核心词早些出现。汉民族喜欢把修饰语放在核心词前面，把最重要的信息留到最后，这符合汉民族委婉含蓄的性格。两种语言在日期、单位名称、地址等语序方面的差异也与英汉民族性格中直接性与间接性的差异有关。英语民族倾向于直接性，因此英语中常常是重要信息先于次要信息出现；汉民族倾向于间接性，因此汉语中常常是次要信息先于重要信息出现。比较下面两个句子：

At seven o'clock on the morning of 25 July，1991，the train started back to Beijing.（1991 年 7 月 25 日早上 7 点，火车开始返回北京。）

可以看出，“seven o'clock”或“7 点 ”是最具体的信息，“morning、25、July、1991”或“早上、25 日、7 月、1991 年”具体性依次递减。也就是说，英语把最具体的信息放在前面，而把不那么具体的信息放在后面；汉语

---

* 本部分内容主要参考刘蓉（2009）。

正好相反。英汉表达之所以会有如此差异，可能有以下几个方面的原因：

1. 理性（reason）与悟性（perception）

汉语深受儒、道、佛三种哲学的影响，重视悟性阐发，不喜一览无余。这在文学、书画、园林设计、文字上都可见一斑。因此，汉语具有直觉性、形象性的特点，表达形象、意象、象征、联想、想象的词语（如比喻、成语、谚语）相当丰富，用词形象具体，常以实的形式表达虚的概念。英语深受亚里士多德的形式逻辑的影响，即16—18世纪欧洲风行的理性主义，强调科学的实验，注重形式论证；表现在语言上，即强调形态的外露及形式上的完整。将一些汉语文学作品（尤其是诗歌）译成英语时常常出现“变味”的情况，就是因为不得不把原来含蓄的东西一览无余地说出来。悟性与理性的思维差异体现在语言上主要有以下几点：汉语重意合（parataxis），英语重形合（hypotaxis）；汉语重语言排列的整体性（synthetic），英语重分析性（analyticity）；汉语重语言的具象性（concrete），英语重抽象性（abstract）；汉语句子简短（simplex），英语句式繁复（complex）；汉语倾向于人称表达（personal），英语倾向于非人称表达（impersonal）；汉语语篇的叙述方式是先描写后总结（specific-to-general），英语语篇则是先总结后描写（general-to-specific）；汉语语义模糊性（ambiguity）较强，歧义现象较多，英语语言逻辑性较强，语义较严密。

2. 整体思维与个体思维

中国传统哲学强调思维上的整体观，认为主观世界与客观世界存在于一体之中。《道德经》中就有“道生一，一生二，二生三，三生万物”的说法，认为“天人合一，道法自然”；《易经》中也有“太极生两仪，两仪生四象，四象生八卦”的说法，周而复始，生生不息，体现出汉语思维的辩证性与统一性。因此，汉文化中主张“个人服从集体”。西方哲学则崇尚个体思维，这主要是受亚里士多德逻辑与分析思维的影响，主张事物的本质存在于个体中，其思维方式有很强的逻辑性与分析性。整体思维与个体思维对英汉语言表达的影响表现在以下方面：英语句式从属结构（subordination）多，句子内部层次感强，句子间多以从属连词（subordinate connectives）连接，相对汉语而言，句子更长；汉语句子并列结构（coordination）多，句子多为松散句（loose sentences）、流水句（run-on sentences）。例如：

In the doorway lay at least twelve umbrellas of all sizes and colors.（门口放着一堆伞，少说也有十二把，五颜六色，大小不一。）

3. 具体与抽象

中国传统哲学倡导具体的、重物象的思维风格，传统思维模式极其重视以物象来体现或比喻抽象的事物，因此，汉语中有许多以具体形象的事物比喻抽象事物的句子，如“探索的道路凹凸不平”“变化天翻地覆”等等。英语重抽象，重分析，重逻辑，所以英语是分析型语言，逻辑严密，语言简练。英汉具体与抽象的思维差异体现在语言上主要有以下两个方面：（1）英语是静态语言（static），汉语是动态语言（dynamic）。体现在用词上，英语常通过介词短语和抽象名词来体现动作或关系；相较而言，汉语在表达状态和过程时则倾向于使用动词和副词。（2）汉语喜用铺陈排比，语言多使用四字成语，注重文采；英语语言简练，与汉语相比，更加言简意赅。例如：

He is a good eater and a good sleeper.（他能吃又能睡。）

4. 顺序与逆序

在中国哲学思想中，“言有序”很重要，中国哲学的对立统一观总是将“顺”与“逆”、“正”与“反”一视同仁，排在前面的总是“顺”或“正”。体现在词汇上，如“春夏秋冬”是按时间顺序，“远近闻名”是按距离顺序，“水涨船高”是按因果顺序等；体现在语篇上，汉语语篇常以归纳型（because-therefore structure）为主，喜欢摆事实、讲道理，信息安排常按照自然顺序，由远及近，层层剥笋，逐层深入，头长尾短，先叙述背景、条件、环境、事实、原因等，再点出结论、观点、结果、态度。可以说，中国的语言是人治的，受人的悟性与表达需要的制约。

英语的词汇排列不像汉语那么固定，英语有大量逻辑连接词，能维系颠三倒四的“序”而“不乱方寸”，这也是英语严谨的地方。英语语篇受亚里士多德演绎法（deduction）的影响，突出主语和主题句，由近及远，开门见山，一语破的，头短尾长。可以说，西方的语言是法治的，受人的理性、语法和逻辑的制约。

第三节　英汉语言语法的文化功能

一、显性与隐性的文化映射 *

英语语法的显性和汉语语法的隐性是两种语言最显著的区别特征之一。我们说英语是语法明确的，就是说英语比汉语有更多显示语法功能的语法标记，这些语法标记的使用频率更高，必须用它们来清楚地表达意思。但这并不意味着汉语中没有语法标记。英语语法的显性和汉语语法的隐性在语法语素、主语突出和话题突出、形合关系和意合关系这三个方面有着较为明显的表现。

1. 语法语素

语素是最小的有意义的语言单位。语素可以分为两类：屈折语素和派生语素。屈折语素代表了诸如数量、格、时态、语态和语气等语法类别，因此也被称为语法语素。一门语言在语法上显性或隐性的程度首先由该语言所拥有的语法语素的数量、它们在该语言中的使用频率以及它们的使用是否必要来决定。英汉语法语素的使用在数、格、时、体、非限定动词、被动语态和虚拟语气等方面存在差异。

---

* 本部分内容主要参考李佐文、郑朝红（2005）。

（1）数量

在表示数量时，英语和汉语采用了不同的手段。以“We are teachers.（我们是老师。）”为例，在英语句子中，这三个单词都使用复数形式，在形式方面表现出英语语法的明确性和一致性。在英语中，单一性和多元性的形式区别体现在主语（we）、宾语（teachers）和谓语（are）上。但是在汉语句子中，只有主语“我们”是复数形式，动词“是”和宾语“老师”均是单数形式，但表示复数意思。这说明汉语不遵守明确性和一致性的规则。当复数的意思可以被理解时，复数形式通常被省略。此外，名词的数在英语中是一个必要的范畴，当要表示多元性时，必须明确地标记出来。例如，在“All students in this class passed the examination.（班上所有的学生都通过了考试。）”中，“students”必须是复数形式，尽管每个人都知道它的意思是复数，因为它被复数限定词“all”预先修饰过。相比之下，汉语虽然经常使用语法语素“们”表示复数，但它的使用也有一定的限制。首先，它只能用于人的复数化。例如，可以说“同学们”“朋友们”，但不能说“猪们”“电视们”。其次，它不能用于复数形式已被其他词类表明的名词。例如，汉语中不说“我们是老师们”，因为“我们”已经指出“老师”是复数。再次，在汉语中，动词的单数形式和复数形式没有明显的区分。例如，“是”在“我们是老师”和“我是老师”中保持相同的形式。

（2）格

格表示句子中名词或代词与其他成分的结构关系。在英语中，名词（特别是代词）的格可以找到明确的形式标记；而在汉语中，格在名词和代词中的表现都是含蓄的。英语名词有普通格和所有格两种形式。例如，“student”是普通格，“student's”是所有格。在汉语中，“的”字结构用来表示英语的所有格，有时“的”字结构可以省略，但意义没有变化。例如：

What is the majority's view?〔大多数人（的）意见怎样？〕

Where is today’s *People’s Daily*?（今天的《人民日报》在哪里？）

英语的格有三种形式：主格、宾格和属格。汉语代词不存在格的形式变化，但第三人称单数代词的形式随性别而变化（仅在书面形式中）。

（3）时态

在英语中，时态指的是动作发生的时间，英语有现在时、过去时、将来时和过去将来时；体指的是动作的状态或动作方式，有简单体、进行体和完成体。英语中的动词总共有 16 种形式变化，单凭动词形式就可以区分一般现在时和一般过去时。例如：

We know how to distinguish between friends and enemies.（我们知道如何分清敌友。）

He came to Beijing in the autumn of 1978.（他 1978 年秋到了北京。）

借助“be”“have”“shall”“will”等助动词及其变体，无论是动词的一般式、过去式还是过去分词形式，都可以区分英语中所有的时态和体。然而在汉语中，时态和体的形式标记是可选的。如果时态或体已经被一个语言单位指示或暗示在一个句子中，时态或体的形式标记可以且经常被省略。下面以汉语中用于表示时态和体的“过”“了”等助词为例：

我在上海工作过。/ 我去年在上海工作。

这本书我看完了。/ 这本书我已经看完。

由于“去年”和“已经”可以表示时间和完成体，所以“过”和“了”可以省略。 可见，英语语法的显性表现在时态和体上，而汉语的时体变化则是隐性的。

（4）无限动词

英语动词分为两类：有限动词和无限动词。由动名词、分词和不定式构成的无限动词的形式不同于有限动词。动词原形加“-ing”构成动名词和现在分词，过去分词由动词原形加“-ed”构成，不定式由“to”加动词原形构成。“to”和后缀“-ing”“-ed”是语法标记，后两者属于语法语素。而汉语中的无限动词则没有形式上的变化。例如：

Downstairs, the doctor left three different medicines in different colored capsules with instructions for giving them.（在楼下，医生留下三种不同颜色的胶囊和服用说明。）

It would have been natural for him to go to sleep, but when I looked up he was looking at the foot of the bed, looking very strange.（正常情况下，他本该睡觉。但我抬头时，他正看着床尾，露出奇怪的表情。）

The tone taken by the author towards the defenders of crime is ironical.（作者用讽刺的口吻谈论那些为罪犯辩护的人。）

上述例子中的“giving”“to go”“looking”“taken”都是动名词或不定式、现在分词或过去分词，它们的基本形式与动词不同，但是汉语中没有这种语法区别。

（5）被动语态

在英语中，被动语态通常由典型的被动结构来表示，即“主语（受动者）+ be + 过去分词 + by + 施动者”。其中，“by + 施动者”是可选的。例如：

The case was being investigated（by the police）.〔（警方）正在调查此案。〕

英语中还存在隐性被动句，即形式主动、意义被动的被动句。例如：

The piece of cloth washes easily.（这块布很容易洗。）

虽然有相当多的动词可以这样使用，但英语中显性被动语态的数量远远超过隐性被动语态。

汉语中也存在显性被动结构，其典型结构是：受事＋被＋施事＋动词。例如：

困难被我们克服了。

但在多数情况下，被动语态的意思是由隐性被动语态来表示的。例如：

花晒着太阳了。

湿衣服吹吹风，干得快。

在汉语中，当语境清楚地表明主语实际上是受事时，被动意义就不必用明确的标记来表示了。

（6）情绪

情绪是指说话人对某种行为的态度。语气可以分为三种：陈述语气（陈述式）、祈使语气（祈使式）和虚拟语气（虚拟式）。英语动词也可以通过改变其形式来表示虚拟语气。虚拟语气可以分为现在虚拟语气和过去虚拟语气，还可以分为强制性虚拟语气和公式化虚拟语气。强制性虚拟语气在英式英语中常用“should”加动词原形来表示，在美式英语中则只用动词原形来表示；公式化虚拟语气以动词原形表示，主要用于某些固定句式中。过去虚拟语气在意义上是不真实的，仅限于一种形式“were”，因此也被称为“were”虚拟语气。例如：

He suggested that we (should) meet at the gate of the school.（他建议我们在学校门口见面。）

Long live our motherland!（祖国万岁！）（固定句式）

If I were you，I would go there without hesitation.（如果我是你，

我会毫不犹豫地去那儿。)(过去虚拟语气)

“would”“should”“could”“might”“have”“has”“had”加上语法语素“-ed”可以表示许多其他类型的虚拟语气。例如:

If we left now, we should arrive in good time.(如果现在离开,我们应该会及时到达。)(过去)

If mother hadn't sent me, I shouldn't have come.(如果妈妈没派我来,我就不会来了。)(现在)

If you dropped the glass, it would break.(如果你把杯子摔了,它会碎的。)(将来)

以上例子说明,语法语素在英语虚拟语气表达中起着重要作用。在汉语中,假设语气可能相当于英语中的虚拟语气,它可以由一些助词构成,或者根本没有正式的指示语。例如:

要是您亲自去找他呢?也许会比我们这些晚辈去说效果更好。

(要是)别人跟我闹,我不说话就是了。

(7)比较程度和最高程度

在英语中,形容词和副词的比较级和最高级既可以通过“-er”和“-est”等语法语素表示,也可以通过“more”“most”等词语来体现。前者是综合语言的特征,后者是分析语言的特征。例如:

He is taller than his elder brother.(他比哥哥高。)

The dog has the funniest face of any dog in the world.(这条狗长着一张世界上最逗的脸。)

This word is used more frequently in American English than in British English.(这个词在美式英语中的使用频率高于英式英语。)

He walked most slowly of the three.（他在三人中走得最慢。）

“-er”和“-est”等语法语素主要用于常用的单音节词和双音节词中，是英语中表达比较级和最高级的重要方式。汉语主要用词汇的方式来表达比较级和最高级，比较级常使用“比……高（矮、多、少……）”“更高（矮、多、少……）”或“高（矮、多、少……）于……”等，最高级常使用“最高（矮、多、少……）”。

2. 主题突出和话题突出

在英语和汉语中，句子的主语都是位于谓语之前的名词或代词。主语与谓语的关系最密切，谓语对主语进行描述或注释。例如：

他住在北京。（“他”是主语）

今天星期六。（“今天”是主语）

英语中的主语必须与动词一致。例如：

The boy shows his mother much attention.（这个男孩对妈妈很关照。）

They have finished their work, haven’t they?（他们已完成了工作，对吧？）

主题是用来描述信息结构的术语。句子的主题列出人、物体或概念，句子的其余部分是对主题的评论。例如：

Cheap vodka you should never drink.（vs. You should never drink cheap vodka.）（廉价伏特加你绝不可喝。）

At the supermarket it might be cheaper.（vs. It might be cheaper at the supermarket.）（在超市它可能更便宜。）

As for the letter, I will show it to you.（vs. I will show the letter to you.）（至于那封信，我会拿给你看。）

在上述例子中，短语“廉价伏特加、在超市、至于那封信”是话题，而“你绝不可喝、可能更便宜、我会拿给你看”是对这个话题的评论。这表明，主题可以被认为是句子的第一语言单位，它可以由一个词、一个短语或一个原因组成。需要注意的是，上述三例中的话题不是主语，主语是“你”“它”“我”。主语是语法单位，而话题是信息单位，两者是不同的概念。不过，在英语中，这两个概念常常是重合的。例如：

Truth, if exaggerated, may become falsehood.（真理如果被夸大就会变成谎言。）

I am not familiar with my cousin.（我和表弟不太熟。）

They were using not criticism but mud.（他们不是在批评而是在诽谤。）

在上面三个例子中，“真理”“我”和“他们”不仅是话题，而且是主题。虽然英语中也有主题不是主语的句子，但主题与主语重合的句子更为典型。除祈使句外，英语句子通常需要主语。在英语中，“it”这个词被用作天气和时间等自然现象的主语。例如：

It is raining.（正在下着雨。）

It is 9 o'clock already.（已经九点钟了。）

It is very cold.（天很冷。）

在英语中，虽然句子的主语和宾语都很重要，但在很多情况下，宾语可以省略而主语不能省略。比如，在定语从句中，关系代词作为主语不能省略，但作为宾语往往被省略，尤其是在自发的对话中。例如：

The girl who answered the phone was polite enough.（接电话的女孩很有礼貌。）

He is the man (whom) you have been looking for. (他就是你一直在找的人。)

This is the airliner that will fly to Paris this afternoon. (这就是今天下午飞往巴黎的航班。)

The letter (that) I received from him the other day is very important. (我前几天收到的他的那封信很重要。)

由于主语在英语句子中非常重要，而且在大多数英语句子中主语和主题是重合的，所以英语是主语突出的语言。而在汉语，特别是汉语口语中，有很多句子的主语与主题并不一致。例如：

我的书你看见了吗？（vs. 你看见我的书了吗？）

你的话我不想听。(vs. 我不想听你的话。)

以上句子的话题分别为“我的书”“你的话”，主语是“你”和“我”。这两个句子和括号中对应的句子一样自然，一般不认为它们是倒装句。此外，汉语中有许多句子没有主语或很难确定主语。例如：

台上坐着主席团。

前头出现了一盏红灯。

快点儿，要迟到了。

夏天的时候一定要来看你。

汽车要赶快修。

这些句子的主语很难确定。前两句的“台上”和“前头”是表示地点的名词，通常用作状语，但也可以做主语。后三句的主语省略了，因为说话者和听者都很清楚主语指的是谁。后三句话的话题分别是“快点儿”“夏天的时候”和“汽车”。从上面的例子可以看出，在汉语，尤其是在汉语口语中，很多句子只有话题，没有主语，因此，汉语是话题突出的语言。主语是语法单位，英语主语突出，说明英语在语法上是明确的；话题不是语法单位，而是信息单位，汉语话题突出，也说明了汉语语法的隐性特点。

3. 形合关系和意合关系

形合关系指句子的组成部分通过连词连接在一起。例如：

Bread and butter is my favorite breakfast.（面包和黄油是我最喜欢的早餐。）

The man ran away when he saw the dog.（那个人看到那只狗就跑了。）

意合关系指句子通过并列、标点和语调而不是连词在意义上进行连接。例如：

He bought tea，coffee，eggs，milk，etc.（他买了茶叶、咖啡、鸡蛋、牛奶等等。）

I think he's right.（我想他是对的。）

人们常说英语是形合语言，汉语是意合语言，但这并不是说英语中没有意合关系，汉语中没有形合关系，只是说明英语中的形合关系比汉语多。例如：

Men and women, old and young, all joined in the battle.（男女老少都参加了战斗。）

This is a credulous age, and the burden of knowledge that we now carry is partly responsible.（这是一个容易轻信的时代，部分原因在于我们要掌握的知识太多了。）

英语句子中通常使用连词，而在汉语句子中，不使用连词却通过并列来暗示相同的关系。在汉语中，只有在上下文不能清楚地显示句子各部分之间的逻辑关系时，才会使用连接词。例如：

> 虽然我同意，但是他不同意。
>
> 因为我同意，所以他也就同意了。
>
> 只要我同意，他就会同意。
>
> 不但我同意，他也同意。

上面四句中的转折关系、因果关系、条件关系和递进关系都用连词表示，但即使在这些句子中，连词也不是必需的。例如，“我同意，他不同意”就是一个完全可以接受的句子。在汉语中，如果从句之间的逻辑关系很容易看出来，那就不需要连词。

申小龙（1990）在《中国文化语言学》一书中将人类语言按照二元分割的方法分为形态语言和非形态语言。他认为：“西方民族从古希腊开始就注重形式逻辑、抽象思维，力求从独立与自我表现的自然界中抽象出某种纯粹形式的简单观念，追求纯粹的单一元素。表现在西方语言形态上就是以丰满的形态外露，因而表现在语言分析上就是最大限度地形式化描写。”汉语作为一种非形态语言，其形成和发展受到长期以农耕为主的经济生活方式的影响，讲求人与自然的和谐、天人合一，这种思维方式具有综合性、灵活性、不确定性等特点，反映在汉语形式上就是“形散意不散”。对此申小龙总结说：英语强调逻辑，句子结构一般比较完整，以谓语动词为全句的核心，句子的其他成分通过关系词与谓语动词发生关系，主谓在人称和数上保持一致，基本是一种线性的联系。汉语则以“流块结构”为主要特点，“句读简短，形式松弛，富于弹性，富于韵律”，少用甚至不用形式连接手段，注重隐性连贯，以神统形。简而言之，形合语言依靠形式手段实现词语之间的衔接，而意合语言独立于形式手段，借助词语或句子所含意义的逻辑关系实现意义上的连贯。

二、时间与空间的文化映射 *

王文斌（2019）在《论英汉的时空性差异》一书中提出了英汉语言的时空性特征：英语具有时间性特质，具体表现为“勾连性”和“延续性”，为线性结构，具有一维性的时间特质；而汉语具有空间性特质，表现为“块状性”和“离散性”，为立体结构，具有三维性的空间特质。英语倾向于时间性思维，明显的标志之一就是英语谓语动词的时体标记；而在汉语中，主要通过词语而非动词的不同时态来表达不同的时间概念。对于汉语来说，时体标记并不具有强制性，而是可有可无的。英语的时间性特点和西方音乐有异曲同工之妙：西方音乐常以一个主调旋律为核心，其他声部从属、衬托该旋律，本身不具有独立的旋律意义；英语同样以主谓结构为核心，其他成分以此为轴心并受其限制影响，借助关联词连接各个成分，呈现出延续性和一维时间的不可逆性。汉语的空间性则有中国绘画的特征：两者都讲究虚实结合，对疏散的物象进行空间位置的布局，疏密相间，寥寥几笔，意境俱显，具有错落有致的空间层次。

前面提到，英语名词短语最典型的右分支模式是“名词 + 短语”，可做后修饰语的短语有介词短语、不定式短语、“-ing”短语、形容词短语等。例如：

This is the third case of smallpox to occur in the town.（这是城中出现的第三例天花。）

Besides football, the most popular games in the United States are baseball and basketball.（在美国，最流行的运动除了橄榄球之外就是棒球和篮球。）

Tony ate up the cake made by his mother.（托尼吃光了妈妈做的

---

* 本部分内容主要参考李佐文、郑朝红（2005）。

蛋糕。)

The young man sitting between Mary and John is the editor of our campus newspaper.(坐在玛丽和约翰之间的那个年轻人是我们校报的编辑。)

He is the man suitable for the work.(他是适合做这项工作的人。)

A man so difficult to please must be very hard to work with.(一个如此难以取悦的人一定很难共事。)

比较英语的左分支模式和右分支模式，可以发现右分支模式不仅种类多，而且使用频率高，尤其是介词短语，几乎出现在每一个句子中。例如：

The time between the first and the second stages of the circle—between idea and application—has been greatly reduced.(这一循环的第一、第二阶段——即思想和应用阶段——之间的时间间隔已经大大缩短了。)

这是一个中等长度的句子（英语句子的平均长度是 18 个单词），总共有 20 个单词，其中包含三个介词短语："between the first and the second stages""of the circle""between idea and application"。三个介词短语共 14 个单词，占句子单词量的 70%。

汉语则属于左分支型语言。如上面的例子所示，英语句子的左分支模式和右分支模式翻译成中文后都会变成左分支模式。例如，"an absolutely right decision"和"一个绝对正确的决定"都属于左分支模式；英文中的右分支模式"smallpox to occur in the town"翻译成中文的左分支模式就成了"城中出现的天花"。

左右分支模式的核心是修饰语与中心语的相对位置。在左分支模式中，修饰语在中心语之前，比如"一个绝对正确的决定"中，中心语是"决定”，“正确”是它的修饰语。在右分支模式中，中心语在修饰语之前。比如“smallpox to occur in the town”中，“smallpox”是中心语，“to occur in the town”是修饰语；在“to occur in the town”中，“to occur”是中心语，“in the town”是修饰语；在“in the town”中，“in”是中心语，“the town”是它的从属词。

核心名词的修饰语都是定语。英语定语可以是单词构成的前置修饰，也可以是短语或从句构成的后置修饰。英语的前置修饰比较短，而后置修饰比较长，后者更常用。而在汉语中，只有前置成分才能充当名词短语的修饰语，汉语对定语的定义就是名词前的修饰或限定成分。

句子中的另一个主要修饰语是状语。英语状语的位置比较复杂，一些语法学家将英语状语分为七类。例如：

By then the book must have been placed on the shelf. (pre-adverbial)(前置状语)

The book by then must have been placed on the shelf. (pre-mid-adverbial)(前中置状语)

The book must by then have been placed on the shelf. (mid-adverbial)(中置状语)

The book must have by then been placed on the shelf. (mid-mid-adverbial)(中中置状语)

The book must have been by then placed on the shelf. (post-mid-adverbial)(后中置状语)

The book must have been placed by then on the shelf. (pre-post-adverbial)(前后置状语)

The book must have been placed on the shelf by then. (post-adverbial)(后置状语)

介词短语、封闭词（如“then、now、well”等）、常用副词、从句和名词短语均可做状语。例如：

She telephoned in the morning.（prepositional phrases）（介词短语）

She telephoned then.（closed words）（封闭词类）

She telephoned recently.（common adverbs）（一般副词）

She telephoned last week.（noun phrases）（名词短语）

She telephoned while waiting for the plane.（non-restrictive clause or participle phrases）（非限定性分句，传统上称为分词短语）

She telephoned after she had seen the announcement.（restrictive clause or adverbial clause）（限定性分句，即状语从句）

总之，英语状语除常用副词外，主要是后置状语；而在汉语中，所有状语都是前置修饰语。汉语的左分支模式、前置修饰语和SVO的顺序是构成汉语线性句式的主要因素；英语是一种右分支语言，采用后置修饰法，打破线性句式，形成分支句式。

从以上分析可以看出，英语具有时间性特质，而汉语则具有空间性特质。产生这一特质的原因主要有以下几方面*：

第一，英汉民族的经验方式和思维方式存在时空性差异，英语民族偏重时间，而汉民族则偏重空间，由此形成了英语的时间性特质和汉语的空间性特质。学界认同的英汉语之间的形合与意合、客体意识与主体意识、个体思维与整体思维等差异，其实仅仅是种种外在表现，其深层缘由在于英语的时间性特质与汉语的空间性特质，即英语的时间性与汉语的空间性是导致这些外在差异的根本原因。以英语的“be”和汉语的“有”为例，印欧语（包括英语）对“be”的关注，是印欧民族对“being”的“自我呈现”这一时间

---

* 以下内容主要参考王文斌（2019）。

性的哲学思想长期追问的具体体现。而在汉语中，“有”作为整体空间之内的具体万物，长期以来在中国哲学思想中属于本体论的核心范畴，是中国哲学思想中最高、最普遍的哲学追问，是对世界事物空间性的观照。

第二，英汉语言与文字之间的优选关系折射出彼此的时空差异。文字必须与语言的特性相匹配，什么样的语言往往就会选择什么样的文字，两者彼此具有一种优选关系，因此，从文字的特点可以反推语言的特点。英语以表音素的字母文字为书写系统，是以行为动作为中心的语言优选结果；汉语则采用以形表义的象形文字为书写系统，是以名物为中心的语言优选结果。以行为动作为中心意味着对时间性的偏重，以名物为中心意味着对空间性的偏重。同时，文字对于使用者的思维方式具有固化作用，英语的字母文字和汉语的象形文字对于各自使用者思维方式的固化，进一步凸显了英语的时间性特质和汉语的空间性特质。

第三，英汉语的词源差异源于其时间性与空间性的根本性差异。动词或动词性词根是英语等印欧语词汇的基础，英语词汇扩展的基本路向是“名源于动”，因为大多数名词均派生于动词或动词性词根。而汉语的动词是由名物发展而来的，因为汉字六书中“象形”是最基础的造字法，其词汇扩展的基本路向是“动源于名”。动词具有时间性，名词具有空间性，英汉分别以动词和名词作为语言的基础，证明英语具有时间性特质，汉语具有空间性特质。此外，英语中的“时”和“体”与汉语中的“时”和“体”存在本质性的区别。英语在内部语言结构上重时间、重动词，动词是“时”“体”信息的载体，其语言学的核心问题之一就是以动词为中心的句子结构；而汉语在内部语言结构上则重空间、重名词，名词是具象思维的外在表达形式，其丰富的名词句和独语句就是佐证。

第四，英汉语词组构造的差异性实质上是时间性与空间性的差异。汉语中大量存在的“形动结构”并不是词汇层面向句法层面的简单转化，即原处于词汇层面的动词词性转化为句法层面的名词词性，形成“形名结构”，而是在汉民族的深层心理中，即使行为动作也被当作实体来看待，即把行为动作空间化。汉语的空间形容词常用来修饰动词，这进一步说明汉语常将行为动作看作具有空间三维特征的实体。此外，英语的词组构造基本遵循句法词性与功能的对应关系，与句法构造一致。汉语则不同，从离合词的离散性特点可知，汉语的构词具有明显的空间性特质；汉语词组的构造原理也一样，名词、动词和形容词的区分并不明显，也不具有强制性，这是汉语空间性的又一例证。

第五，英语对“时”“体”的强制性和汉语对个体量词的强制性源于英汉语的时空性差异。英语只要是句子，就必须有动词，而只要动词入句，就必须有“时”“体”标记；而在汉语中，若要对名词所表征的事物进行计量，就必须使用量词，量词既表量又表事物的形体特征。英语句法对“时”“体”的强制性要求是英语具有时间性特质的一个典型例证，而汉语句法对个体量词的强制性要求是汉语具有空间性特质的一个有力佐证。需要指出的是，英语句法对“时”“体”的强制性要求，其落脚点是句子中的动词；而汉语句法对个体量词的强制性要求，其落脚点是句子中的名词。

第六，英汉语进行体标记语法化的差异根源在于彼此的时空性差异。相似的空间来源是英汉语进行体标记的共性，其语法化路径虽印证了“从空间到时间”和“时空相依”的发展特点，但英汉语进行体标记最终演变为不同的句法结构，这是由各自所属的语言类型以及语言背后的民族思维特性所决定的。无论是从进行体标记的源头还是从现代英语和汉语的共时特征和语法化路径来看，英语进行体标记的空间性特点都弱于汉语。英语进行体凸显的是时间性，汉语进行体的时间性意义是用空间来体现的，或者说，跟空间有很大的关系。英语的时间性思维特质与汉语的空间性思维特质是导致英汉进行体标记语法化差异的深层决定因素。

第七，英汉语在句构层面表现出更为明显的时空性差异。英语的时间性特质与西方音乐的时间性特质一脉相承，表现出对时间特有的关注，在行为、运动或变化中体会时间的流动，其句构表征与西方音乐均具有勾连性、延续性和不可逆性；而汉语的空间性特质与中国绘画的空间性特质一脉相通，表现出对空间物象的特别重视，将块状和离散的物体进行直观布局，其句构表征与中国绘画均具有块状性、离散性和可逆性。汉语流水句是汉语空间性特质的典型体现。这类句子在汉语书面语和口语中都十分常见，是一种由多个句段组成的复杂复句，其特点是：句段与句段之间结构松散，不借助显性的关联词语，多个主语或隐或现并常出现跨句段指认，短语和小句共现频繁。汉语流水句在逻辑关系上具有模糊性，在主语指认上具有复杂性，在结构形式上具有空间性，这三种特质共同构成其整体上的空间性特质。主语指认是流水句分类的主要依据，可据此将其划分为三种主要类型：单主语流水句、多主语流水句和复杂主语流水句。这三类流水句均具有一定的空间性特质，且其空间性呈现出由弱到强的连续体特点。

第八，英汉语语篇层面也彰显出时空性差异。英语时制是一个表示时间关系的强制性句法特征。在篇章层面，它不仅编码了每个小句内部的三种时间关系——过去、现在和将来，而且在不同类型的语篇中起着不同的语篇功能。叙述文中的时制具有传递连贯性功能，描写文中的时制具有照应性功能，报道类语篇中的时制则具有指称性功能，等等。时制所表现出的这种多样化时间关系和语篇功能是英语时制思维和时间性特质的反映。此外，从汉语话题链及其英译对比中可知，汉语篇章结构具有块状性和离散性，而英语篇章结构则具有勾连性和延续性。这一差异的实质是空间性与时间性的区别，即汉语篇章结构具有空间性特质，而英语篇章结构具有时间性特质。

三、人文情感与民族意识的再传递 *

人类的文化和人类语言的语法几乎是同时产生的，文化的发展特点和语

---

* 本部分内容主要参考萧国政（1999）。

法的发展特点有着某种程度的相似性，文化对语法的总体影响可能在很大程度上表现为它们之间的相似性。如果从语法种类和文化种类的角度看，文化融合和语法中和是文化发展带来的人类文化和语言语法的扩容。

从语法的内涵和外延看，20 世纪初，它还主要限于词语屈折变化的狭义形态，因此在这个意义上，汉语被认为是“没有语法”。接着，形态越来越不发达的英语，在语法学中较先把语法扩展到句法，在这个意义上，汉语有语法了，70 年代以前的一些汉语语法书常常把语法定义为“组词成句的规则”。到了八九十年代，语法概念日趋丰富，如用结构主义理论写的语法书，其语法定义是“语言的结构规则”；而乔姆斯基的转换生成语法认为，语法是人脑中世代遗传的一套言语生成能力。在中国，语法学的主流是不断扩大语法规则的研究对象，语法由词、短语（词组）、句子的构成规则，扩大到句群直至篇章的结构规则和使用规则。不仅如此，有的汉语语法学研究还涉及投射在语言结构中的交际规则和信息传递规则。总的来说，文化对语法的总体影响和制约体现为文化和语法在较深层次上的特征相似性。

多种语言的语法差异所反映的文化差异是不同文化对语言语法的局部影响或具体组成部分的影响。在这方面，不同语言的语法有时反映出文化的共性，有时则反映出文化的个性。这里的多种语言既包括不同种族的语言，也包括一种语言的不同方言，因而其“种”有的是逻辑上的“属”概念。

英语和汉语分属印欧语系和汉藏语系两大体系，但是两种语言的语法在体现男女身份的表达上有着惊人的相似之处。比如，英语中有些表示女人身份的词是在表示男人相同身份的词后面加上词缀构成的，例如：“actor（演员）— actress（女演员）”“hero（英雄）— heroine（女英雄）”。汉语中有一些表女性身份的词也是在表男性相同身份词语的基础上加上“女”字或相当的词语，例如：“他是一个司机 / 她是一个女司机”“他是一个作家 / 她是一个女作家”，但是称说男人的时候一般不说“男”字。

但是，汉语和英语中有些句子成分的语序是相反的。例如，当我们说到年、月、日或国家、省、市、区、街、门牌号和某个人的时候，汉语都是从大到小，把最大的放在最前面，而英语则刚好相反。这是不同语言语法反映的思维文化差异。汉语的语序是逻辑事理的顺序，这种语序的选择可能与汉文化“尊天理，重长幼”的文化心态有关，汉语的语法好像是把逻辑事理看作一种天理，语法跟着天理走。英语语序可能与他们文化中“尊后天地位，重主仆关系”的社会价值观有关，语言结构的主从被看作后天地位尊卑的一种体现。

不仅如此，就是肯定和否定的简单应答，汉语和英语也不尽相同，其差异主要表现在对否定问句所问内容的肯定回答上。例如：

汉语　A：你不是从美国来的？ B：对，我不是。

英语　A：Aren’t you from America? B：No, I’m not.（不，我不是。）

同样的信息内容，汉语是用“肯定（对）+ 间接引用”来回答，英语则用“否定（No）+ 间接引用”来回答。从语言的角度看，两种语言的简答方式都由两部分构成：前导性的总说简答（是 / 不、Yes/No）、后续性的具体回答（细说）。就前导性的简答看，英语肯定还是否定是跟着细说的语法形式走的，是“据后”决定答句形式的“定形”回答：如果后面是肯定形式，总答用“Yes”；后面是否定形式，总答用“No”。而汉语的总说是肯定还是否定，则是跟着细说中句子的性质走的“定性”回答，即细说句若是肯定对方讲法的，用“是”，若是否定对方讲法的，用“不”。在这个意义上可以说，英语是崇“法”的遵“形”语法，而汉语是尚“理”的守“意”语法。

从文化的角度看，肯否回答和对赞扬的应答，都涉及应答的肯定与否定问题：在受到赞扬时，英语常用“谢谢”来回答，是一种礼貌的肯定；而汉语则是以谦虚来对待，属于一种文化否定。为什么会出现这种情况呢？答案也许只能从文化中来找：可能是英语文化是大写己方“I”（我），而汉语文化是大写对方（你和他人）。因为英语回答赞扬，是站在自己的角度，简答句也是采取标明自己答句语法性质的形式；而汉语母语者受到赞扬时则怕对方或他方有失落感，于是通过否定或贬低的方式，使自己屈从于他人，求得大家的心理平衡。总之，汉语母语者的语法思维方式是以对方为中心的，对问句的回答也是如此，会针对对方问句所阐述的命题来进行肯定与否的评判。

四、结语*

语言是思想的直接现实，语言也是人类最重要的交际工具。人类、社会、语言、文化一开始就是四位一体出现的，每个人都在一定的社会文化环境中生活，都用语言进行交际，其生活方式、思想观念、宗教礼俗、思维心理等，无不深深地烙印在历史的轨迹上，我们不能把语言系统和文化系统断然分离开。语言不是孤立存在的，它深深扎根于民族文化传统之中，并且反映该民族的信仰和感情。语法的形态特征是特定的民族文化精神在语言组织机制上的外在化。丁金国（1996）认为："英汉对比研究的可比性框架，应该建立在两个层次范畴上，即显性结构层面和隐性结构层面。显性结构层面包括两个系统，一个是静态系统，一个是动态系统。显性静态系统就是我们通常所说的语言结构各个层面，稍不同的是扩展到了篇章。显性动态系统实际上是言语系统，是言语在使用中在其相关因素制约下发生的变异系统。隐性结构层面的语言事实分布在显性结构层面的各个部分，通过各种规则系统集中体现出来。汉语'重意合'，英语'重形合'，即是隐性结构层面的问题，其本质上是民族精神'语言化'的层次。"

萨丕尔（2002）说："言语具有一种非本能的、获得的'文化的'功能。"对于初学语言的人来说，在习得母语系统的同时，也不知不觉地习得了本国的文化系统；在内化（internalize）语言系统内部组织规则的同时，

* 本部分内容主要参考杨元刚（2008）。

也内化了本民族文化系统中的规范。人类语言绝不是一个自足的封闭系统。语言和人几乎是同时产生的，语言的意义就是人的意义。一方面，语言和文化有一种镜像关系，语言像镜子一样可以反映一种文化的特点；另一方面，文化又反过来构成模塑语言的工具。从这个意义上讲，语言是文化的一种表现形式，英汉语句法上的差异是由文化传统上的差异造成的（陈嘉映，2003）。潘文国（1997）从语言哲学的角度看，汉语重意合在哲学上的背景就是汉民族的悟性思维和主体意识，而英语重形合在哲学上的背景就是英语民族重理性思维和客体意识。他接着谈到了中国人重整体思维与西方人重个体思维形成的哲学背景，中国人的整体意识源于中国人天人合一的宇宙观，然后重点分析这一区别在汉语语言上的三种表现：汉语造字构词的整体观照和英语造字构词的原子主义；骈偶和散行的不同心理背景；多遍性重复。一个民族语言所蕴含的哲学观与该民族的文化精神具有共源性，不同的哲学观念孕育了不同形态的民族文化，不同形态的民族文化通过本民族的语言得到了最好的表达。那么，汉民族重悟性思维和主体意识的习惯与英语民族重理性思维和客体意识的习惯背后所隐藏的哲学精神是什么呢？我们认为是中华民族“天人合一”“主客一体”的文化传统和西方民族“天人相分”“主客对立”的文化传统。

一个民族有一个民族的共同生活地域、共同使用的语言环境，在千百年的生产和社会实践中通过相互交往形成了共同遵守的哲学思想、价值观念和行为规范，这种共同的心理状态经过长期积淀就形成了一种集体无意识，从而铸造了这个民族的文化传统。不同的民族拥有不同的文化传统，“就宇宙观而言，西方文化呈线性，人与自然、精神与物质、主体与客体、凡与神均一分为二，界限分明，强调二元的并存与对立；中国文化呈环性，人与自然、精神与物质、主体与客体、凡与神均合而为一，环抱涵容，注重二元的依存和统一”（左飚，2001）。这种文化传统的差异反映在语言层面上就表现为语言的差异。“倘若人们忽视了民族特性在语言中留下的印痕，就会导致否认各种语言至为深在的本质以及意义重大的语言多样性。倘若人们不去努力尝试解答这样一个问题：每一种语言为什么以及怎样特别适合于这个民族而不是那个民族，那么也同样有可能忽视不同类型的精神创造与每一语言的独特方式之间的细微深刻的关联。”（洪堡特，2001）一个民族的价值取向和哲学理念将最终决定一种民族语言的形态。“天人合一”“主客一体”是中华民族的文化传统，而“天人相分”“主客对立”是西方民族的文化传统。中西民族的每个成员都是在这种文化传统中诞生、成长的，必须通过本民族的语言来体验生活、认识世界、形成意识、表达愿望。

第五章　文化语言学研究方法综述

研究方法是“研究成功与否的关键，也是一门学科成熟与否的重要条件”（萧国政，1991）。作为一门独立的学科，文化语言学当然也有自己的研究方法。本章将对国外文化语言学、国内文化语言学和多语文化教育理论与实践应用三部分的研究方法分别进行介绍。

为便于理解本章内容，有必要先区分与研究方法相关的四个概念，即方法论、研究方法、分析工具和研究程序。方法论指研究新知识产生的一般原理或公理，它是人类科学研究的理论基础和哲学假设（McGregor & Murnane，2010）。具体学科的方法论指“研究某一具体学科，涉及某一具体领域的方法理论”（毛浩然等，2018）。简而言之，可以将某一学科的方法论理解为如何在某一学科的研究中产生新知识的总体指导方针。研究方法指进行研究时使用的技术和程序，它受到方法论的制约（McGregor & Murnane，2010），具体如图 5-1 所示。

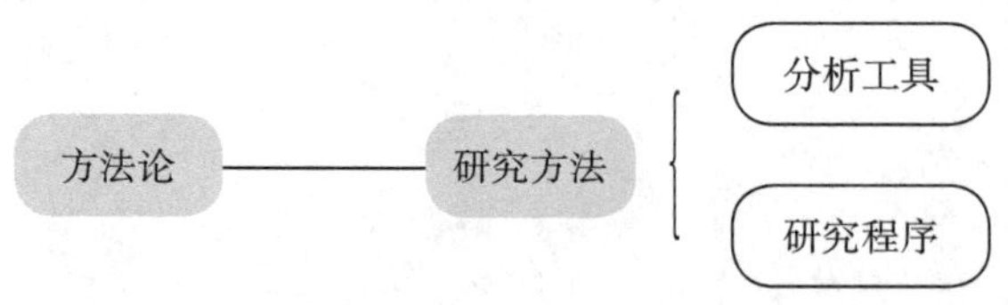

图 5–1　方法论与研究方法之间的关系

如果以建房子来比喻以上四个概念之间关系的话，方法论就是设计图纸，它决定了建这栋房子应该采用什么样的研究方法；研究方法可继续拆分成工具和程序，工具对应使用多少建筑材料及使用什么样的建筑工具，而程序则对应按照什么样的步骤和办法来使用这些材料和工具。更简单地说，研究方法中的分析工具是指“用什么做”，研究程序则是指“怎么做”。

弄清以上四个概念之间的区别和相互关系后，再来看文化语言学的研究方法就比较清楚了。既然是讲解与介绍研究方法，那么第一要务就是让读者知道如何去进行文化语言学的研究。我们认为，通过对具体的研究案例进行研究方法上的解析能较好地达成这一目标。因此，本章在简要介绍国内外文化语言学的方法论之后，会以解读具体研究案例的方式详细阐述国内外文化语言学的研究方法。

第一节 国外文化语言学研究方法综述

一、国外文化语言学的方法论

美国学者帕尔默（Gary B. Palmer）于1996年出版的《文化语言学理论构建》（*Toward a Theory of Cultural Linguistics*）被普遍认为是当代西方文化语言学学科创立的标志，其理论渊源是语言人类学和认知语言学。帕尔默文化语言学的基础和核心概念借自认知语言学的“意象”（imagery）。意象不仅包括人们惯常认为的脑海中的图像，还包括通过听觉、味觉、嗅觉和动觉（kinesthesis）所获得的直接感性经验，以及将这些直接感性经验进行概念类比而得到的间接经验。因此，帕尔默文化语言学的方法论基础为：“意象的意义生成于特定文化的语篇和语境中，是社会文化约定俗成的世界观意象，因此具有民族差异性和文化特性，对于‘意象’语言的理解必须放在特定的世界观背景之下进行。”（转引自吴海松，2020）

进入21世纪后，澳大利亚语言学家谢里夫（Farzad Sharifian）的研究代表了西方文化语言学研究的最新成果，他的文化语言学理论体系建构在“文化概念 / 文化概念化”这对概念的基础之上（吴海松，2020）。Sharifian（2017：41）的文化概念化文化语言学认为，从方法论上讲，文化语言学是语言民族志（linguistic ethnography）的一种形式，与其说语言民族志是一套收集数据和分析语言特征的程序，不如说它是一种认识论。文化语言学同样也是一种认识论，同时是一套开放式的数据收集和分析程序，旨在更好地理解语言中嵌入的文化概念。因此，谢里夫认为文化语言学是语言民族志与文化概念民族志（ethnography of cultural conceptualisations）的结合。

在谢里夫的文化概念化文化语言学中，文化语言学与语言民族志一样，都研究语言的社会文化基础，考虑应有的社会文化背景；都认为语言及其社会文化背景之间的关系是相互的，二者是相互塑造的。与语言民族志一样，文化语言学“以复杂的方式在语言、文化、社会和认知之间建立联系，而这些联系不易被严格控制的先验分析范畴所验证”（Creese，2008：232）。

二、国外文化语言学的分析工具

（一）帕尔默文化语言学中的“意象图式”与“概念隐喻”

帕尔默认为认知语言学可直接用于语言与文化的研究（Sharifian，2015：474），因此，他将认知语言学中的意象作为文化语言学的核心概念，并且同时引入认知语言学中的认知模式（cognitive model）、象征符号（symbol）、意象图式（image schema）、原型（prototype）、基本范畴（basic category）、复杂范畴（complex category）、隐喻（metaphor）、转喻（metonymy）和社会情态（social scenario）等概念，与意象联系起来共同使用。从理论上说，认知语言学中的分析工具都可以直接拿来为文化语言学所用，但限于篇幅，这里仅介绍“意象图式”与“概念隐喻”两种最常用的工具。

“意象图式”其实可以指代三个术语，分别是“意象”“图式”与“意象图式”。如前文所述，帕尔默认为意象是人的五感在与周围环境的互动中留下的抽象映象。“图式”（schema）是意象的一种，它是人在与外界的日常交往中形成的一种简单的、基本的认知结构。随着认知语言学的发展，“图式”逐渐取代了“意象”（冯军，2015）。兰盖克等认知语言学家认为，图式是（对概念或命题的）抽象表征，比如，名词是对“事物”（thing）的表征，动词是对“过程”（process）的表征（Sharifian，2015：475）。

莱考夫（George Lakoff）与约翰逊（Mark Johnson）于1980年首次将“意象”与“图式”结合起来，组成“意象图式”这一概念。意象图式被认为是一种反复出现的认知结构，它是人们理解和推理的基础，通常由人们对身体的认知及社会交往经验扩展而来（Johnson，1987）。例如，人们先把身体理解为一种“容器”，然后以此为基础，创造出“心中充满了幸福感”这样的表达。

概念隐喻（conceptual metaphor）是借用自认知语言学的另一个重要分析工具。概念隐喻被定义为一种认知结构，它使人们能够以一种概念域为基础去概念化和理解其他的概念域。例如，英语中的“heavy-hearted”（心情沉重的）和“light-hearted”（心情愉快的）反映了“心是情感中心（heart as the seat of emotion）”这一概念隐喻（Sharifian，2015：475—476）。

（二）谢里夫文化语言学中的“文化概念化”

虽然语言学家已经有了严格的语言分析工具，但他们还没有一个分析框架来分解文化并研究其组成部分，以便从语言和文化的关系方面探索人类语言的特征。以谢里夫为代表、以“文化认知”（cultural cognition）和“文化概念化”（cultural conceptualizations）为特征的文化语言学正是为提供这一分析框架而进行的尝试（Sharifian，2015：477）。

谢里夫的文化概念化实际上代表了三种分析工具，是对“文化图式”（cultural schema）、“文化范畴”（cultural category）和“文化隐喻”（cultural metaphor）的统称（Sharifian & Jamarani，2011）。

1. 文化图式

文化图式是图式中的文化建构子类，它们从一个与文化群体相关的集体认知中抽象而来，从某种程度上说，它们基于群体的共同经验，而不是从个体的特殊经验中抽象出来的。文化图式使个体能够交流文化意义。就文化图式的发展及其表征而言，在宏观层面（文化群体层面），文化图式产生于文化群体成员之间的互动，同时不断地跨越时间和空间进行协商和再协商；在微观层面（个体层面），随着时间的推移，每个个体都能以非均匀分布的方式获得并内化宏观层面的图式。也就是说，属于同一文化群体的个体可能共享某种文化图式的某些组成部分，但不是全部。换句话说，每个人对宏观文化图式的内化从某种程度上来说既有集体特征，又有自己的独特性（见图 5-2）。

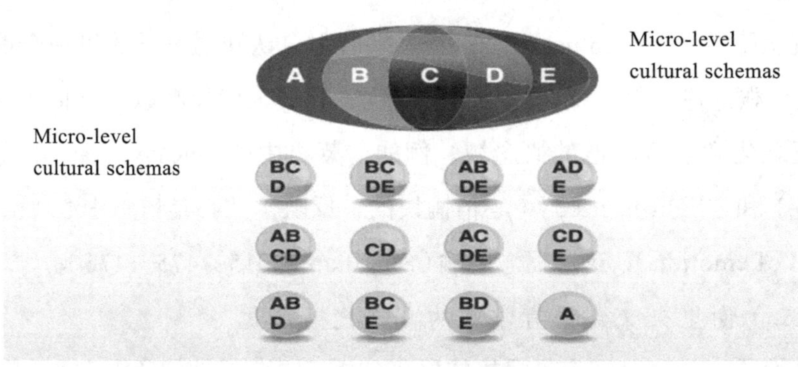

图 5-2 文化图式示意（Sharifian，2015：479）

如图 5-2 所示，在宏观层面，某一文化群体存在 ABCDE 五种文化图式；但在微观层面，个体甲所持有的文化图式可能只有 BCD，个体乙所持有的文化图式可能是 BCDE，即个体持有的文化图式都来自群体层面，但又各不相同。还有一点需要注意，某一文化群体的文化图式不仅可以为其内部成员继承，而且由于接触和交往，也可以被外部个体吸收并内化。

2. 文化范畴

文化范畴可以简单地解释为“给文化分类”。分类（categorization）是人类最基础的认知活动之一。我们可以对物品、事件、经验等进行分类，比如分为“食物”“蔬菜”“水果”等等，并赋予每一种分类以原型（prototype），比如以“苹果”作为“水果”的典型代表（Sharifian，2015：480—481）。

文化范畴不同于文化图式。例如，将“婚礼”视为一种文化范畴时，它指区别于“订婚”或“外出就餐”的一种活动，这时主要强调它与其他文化范畴的区别；而将“婚礼”视为一种文化图式时，它指婚礼包含的所有必备程序、有哪些参与者及参与者应该完成哪些事项等一系列内容，这时主要强调它的组成要素。

文化范畴与语言之间关系密切，有时许多词汇本身就是某种文化范畴或原型。例如，“食物”是一种范畴，而“牛排”就是它的一个原型。此外，文化范畴还能组成网络或层次结构，比如在“食物——意大利面——意大利通心粉”中，“意大利面”既是上层范畴“食物”的原型，又是下层原型“意大利通心粉”的范畴，它们构成了一个包含三个层次的文化范畴。

文化范畴并不是一成不变的。根据一个名词的功能，它可能被归入不同的范畴。例如，“猫”既可能是一种“动物”，也可能是一种网络设备（“调制解调器”的简称）；“粉丝”既可能是一种“食品”，也可能是一个崇拜明星的“群体”（“fans”的音译）。

3. 文化隐喻

如前文所说，概念隐喻是指以一种概念域为基础去概念化和理解其他概念（Lakoff & Johnson，1980）。大量认知语言学的研究表明，我们对自己和周围环境的基本理解也是以概念隐喻为中介的。例如，在有了时钟和日历的工业时代，时间通常被理解为“商品”“金钱”或“有限的资源”等。在此基础上，才会产生诸如“买时间”（英语为“buying time”，为“争取时间”

之义)、“保存时间”(英语为“saving time”,为“节省时间”之义)等表述。我们对思想、情感或个性等的理解也需要借助来自身体的概念隐喻,如“眼睛为心灵之窗”(eye of the soul)、“理出头绪”(make head of something)等(Sharifian, 2015:482)。

文化语言学关注的是由文化建构的概念隐喻,也被谢里夫称为文化隐喻。一些研究探索了产生概念隐喻的文化图式和模式,如通过民族医学或其他文化传统等方式(Sharifian et al., 2008;Yu, 2009a, 2009b)。例如,在印尼语中,用来表达爱的内脏器官是“肝脏”,而不是“心脏”(Siahaan, 2008)。希亚汉(Poppy Siahaan)通过追踪历史文献发现,这种概念与动物献祭仪式有关,在古印度尼西亚,动物肝脏常被用来占卜。由于用“肝脏”表达爱这一隐喻是经由文化构建的,因此它也被称为文化隐喻。

需要指出的是,概念隐喻的认知加工过程相当复杂。一些概念隐喻可能来源于某一文化群体在历史上某个阶段的认知,但现在这些概念可能已经“石化”(fossilized),所以如今仍在使用这些概念隐喻的人可能并不清楚它们的文化根源,也不知道它们进行了什么样的概念映射。例如,当某人说自己“心碎了”的时候,他可能并不知道这种表达的文化根源,也不知道器官“心脏”与“情感”之间的映射。此时,概念隐喻可以作为文化图式,指导人们的思考,并帮助人们理解某些领域内的概念。在另外一些情况下,也可以将这种与文化概念化相关的表达简单地视为一种修辞手法。

总之,文化语言学从文化认知的理论框架出发,利用文化图式、文化范畴、文化隐喻等文化概念化工具,探索人类语言和语言变体的特征。

三、国外文化语言学的研究程序

本部分所说的研究程序是指使用文化语言学分析工具的方法和步骤。即使运用相同的分析工具,因为研究目的不同,也可能存在不同的研究程序。因此,在开始讲述文化语言学研究程序之前,有必要说明以下两点:一是不存在固定不变的研究程序，二是不存在固定不变的研究步骤。二者皆可以根据研究目的做出适当的调整。

由于国外文化语言学的分析工具多种多样，且研究程序也可以有多种变化，因此从理论上说，由分析工具和研究程序组合而成的研究方法可以有很多种。实际也是如此，现在国外相关研究所用的研究方法至少有十几种。本书限于篇幅，只能挑选一些较为常见且重要的研究方法作为典型案例。希望这种方式可以使读者在真实案例中理解和体会分析工具的应用和研究程序的设置，从而更好地掌握文化语言学的研究方法。

（一）迈出研究的第一步

同其他研究一样，进入文化语言学的研究时，首先要回答这个问题：从哪里开始研究？谢里夫为我们指出了三个起点（Sharifian，2017：41—42）。

第一个起点是，研究者发现语言中某个特征蕴含了一种特定的文化概念化。比如，遇到一些无法翻译的词语时，可以想一想：它们是否隐藏着特殊的文化概念化？同一语言群体中的不同成员认为这一语言特征表达了什么样的含义？这一语言特征表达出的文化概念化是否与其他语言特征产生的文化概念化形成相互作用的概念网络？

第二个起点是，从关注与某一特定经验相关的语言开始，如死亡、某种特殊的情感、温度、食物等等。比如，可以聚焦与“生气”相关的语言和文化概念化进行研究。尽管人类可能具有普遍的感受 / 情感，但不同言语社区概念化和表达感受 / 情感的方式是因文化而不同的（Sharifian et al.，2008）。因此，以此作为研究起点具有独特的价值。

第三个起点是，聚焦某一领域内的一个关键概念 / 词语，比如聚焦政治中的“民主”一词（Ansah，2017），然后研究者就可以在特定的文化环境、特定的传统中探索这个概念的文化 / 历史根源了。

（二）可靠研究的两个必备步骤

谢里夫认为，文化语言学的研究要想坚实可靠，需要完成两个必备步骤：一是语言分析，二是“深描”（Sharifian，2017：42）。

进行语言分析很容易理解，因为文化语言学就是研究语言与文化的相互关系，所以进行语言分析是题中应有之义。但需要注意的是，进行语言分析的基础是语料，因此还存在一个隐藏的必备条件，即语料的收集和处理。国内的文化语言学研究往往忽略语料的收集和处理工作，今后应加以重视。

“深描”（thick description）指不仅要描述见到的现象或行为，还要描述它们的背景和根源（Geertz，1973）。具体到文化语言学中，深描就是要为言语社区成员文化概念化所表现出的细微差别和复杂性提供深刻的、重要的见解，即追寻语言现象产生的文化背景、文化根源、体现出的思维方式差异等。

（三）事件与故事图式分析法（Analysis of Event and Story Schemas）

我们主要通过分析马尔科姆（Ian G. Malcolm）与罗什库斯特（Judith Rochecouste）两人 2000 年的研究来讲解这种方法（Malcolm & Rochecouste，2000）。在此例中，研究者探索了西澳大利亚土著群体雅马吉族人（Yamatji，译名为本书自拟）“跨文化文本”（cross-cultural text）中的事件与故事图式。该研究认为，雅马吉族维持其文本中体现出的图式与其文化生存策略有关。

1. 关键术语

跨文化文本：该术语由卡丘鲁（Yamuna Kachru）首次提出，指在缺乏植入语言文化背景的情况下，双语者或多语者在自己的言语社区中使用植入语言所产生的文本（Kachru，1983）。

事件图式（event schemas）：事件图式是一组图式，指对发生的事件及其发生顺序的概括归纳（Mandler，1984：14）。日常生活在人们的头脑中会形成各种事件图式，如读书、上班、打电话、交朋友等。事件图式一旦形成，就会为人们提供言行的规范和交流的基础。以“商店购物”事件图式为例，其下又可分为角色图式、场景图式、行为图式等，如图 5-3 所示。帕尔默认为，事件图式由“说话者和听者的抽象意象组成，是由文化决定的，因此会影响到对跨文化话语的解读”(Palmer，1996)。

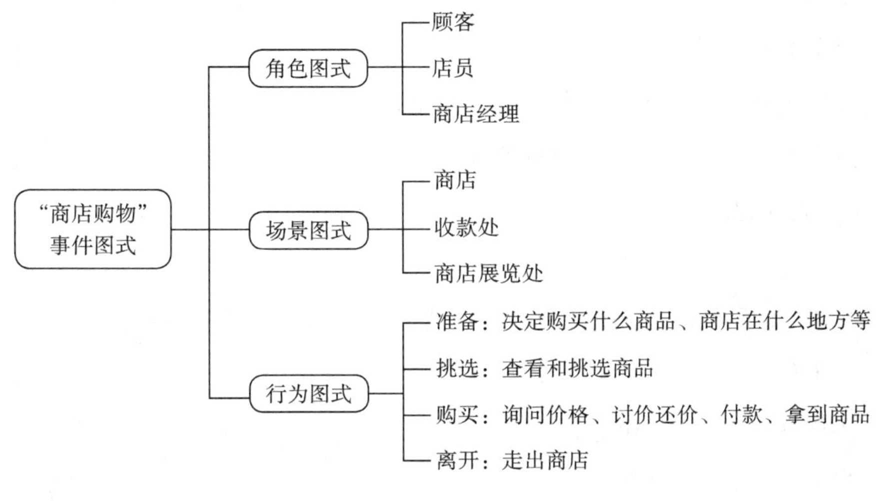

图 5–3　事件图式示例

2. 研究程序

澳大利亚土著英语话语的事件与故事图式研究

第一步：数据收集

数据收集对象：语料来自分布在三个小镇上的 5—13 岁的学生，他们同属于澳大利亚雅马吉族的一个文化社区，均为自愿参加该研究项目的志愿者。根据澳大利亚统计局 1998 年的调查，雅马吉族只有不到 5% 的人还在使用本族语言，绝大部分人口都说英语。前期研究表明，该族儿童所用语言属于土著英语的一种轻微变体。

数据收集过程：将几名互相认识的孩子进行分组。志愿者在研究者的引导下，先做自我介绍，然后讲述一个关于自己的故事（即描述一个自己熟悉的事件），并由研究者对志愿者的谈话进行录音。注意：录音过程中，研究者并不是处于管理或指导的地位。这种方式引出的话语可以称为“群体叙事”（communal narrative），因为它本质上具有社会性和群体导向。

数据处理：将录音转写为文本。该研究共收集到40篇文本。

第二步：文本分析

（1）去除杂质

为确定话语的特定体裁特征，一些表现口头或计划之外话语特征的文本内容会被删除，除非它们以独特的模式反复出现。口头或计划外话语特征以Burridge & Mulder（1998）中所列为依据。

（2）对比文本，确定图式

将40篇文本进行对比分析，初步得出8种图式，分别是：

①旅行图式（Travel）

②狩猎图式（Hunting）

③聚会图式（Gathering）

④观察图式（Observing）

⑤遭遇未知或可怕之物图式（Encountering the Unknown / “Scary Things”）

⑥孤立图式（Isolation from the Group）

⑦解决问题图式（Problem Solving）

⑧借用图式，包括讲故事图式、讲新闻图式、讲笑话图式〔Borrowed Schemas（Including Fairy Tales，News Contributions and Jokes）〕

（3）根据图式精选文本

根据统计结果，40篇文本中有33篇使用了4种图式，分别是旅行图式、狩猎图式、聚会图式及遭遇未知或可怕之物图式。研究者将这4种图式确定为基本图式。其特征包括：

旅行图式包含3篇文本，它指参与者个人的经验，交替述说旅行（或移动）和非旅行（或停止状态）下的经历片段，经常会提到一个出发时间，也有可能在叙述中又回到起点。

狩猎图式包含8篇文本，它指参与者观察、追逐和捕获猎物的经验，通常会包括杀死猎物的内容，有时也会有与吃掉猎物相关的内容。

观察图式包含 11 篇文本，它指对自然现象或社会现象的观察，或对细节的回忆。这种回忆可以对学习到的知识进行验证。当应用这一图式时，人们不仅会观察动物，还会观察它们的数量、大小、状态、栖息地，以及用于人类消费的潜力等。

遭遇未知或可怕之物图式包含 11 篇文本，它指遭遇能影响社区正常生活的未知力量或人所带来的经验，表现为出现和消失的表达，或者看到 / 看不到、找到 / 找不到有关现象的证据。

下面把使用这 4 种图式的 33 篇文本抽取出来做进一步分析。

（4）识别话语标记语

话语标记语指在连续文本中具有相同功能的可识别的语言形式。此分析步骤以服务教学研究为目的，如研究与教学无关，此步骤也可省略。

进一步分析体现 4 种基本图式的 33 篇文本中话语标记语的使用情况，共识别出 12 种话语标记语。在下面的例子中，均使用了文献原文，有些拼写不同于英文的规范拼写，但并不是错误拼写。

①回应标记语

例子：Well, ...; See ...

在雅马吉族话语中，“well”有时会出现在话轮开头，或者在图式开始形成的转折点上。

②时间标记语

例子：**Yesterday**...; When I was out the bush...

许多文本一开始就提出所描述事件的发生时间。

③空间方位标记语

例子：At the station

尽管通常在事件叙述的开头会同时提出时间和地点，但有时也会出现只给出地点的表达。

④举例标记语

例子：Like, ...

⑤参与者身份标记语

例子：**Me** and **Tom Roper** my cousin, ...

无论参与者在事件中的作用有多大，他们都会被明确地包含在雅马吉族的叙述文本中。

⑥移动标记语

例子：we went along...

某些文本始终标记叙述中的“移动”部分。

⑦停止标记语

例子：then we **stop** there; then we ad a **long spell**

有些叙述者会明确标记出叙述中的“非移动”部分。

⑧方向转换标记语

例子：dad, **well** e seen this dingo

在这个例子中，“well”转换了叙述方向，即转向了对一只野狗（this dingo）的描述。

⑨推进标记语

例子：**Now** at the station...

在这个例子中，“now”的作用是告诉听者，时间推进到了现在，表示叙述中事件的推进。

⑩侧面标记语

例子：dey was playing cards... in a... um... gambling... **that** gambling school

指示词通常用来标记话语中与“基体”（base）相对应的“侧面”（profile）成分。侧面与基体的关系就相当于“辐条”之于“车轮”，辐条必须建立在车轮的概念之上，否则它只是一根木棍；而提到辐条就能让人联想到车轮（Palmer，1996：100）。

⑪ 目的性行动标记语

例子：**tryin; ’ad to**

有时，这种标记语被用来强调图式中所描述行动的目的性或持久性。

⑫ 终止标记语

例子：Das all

说话者常常明确地标记出叙述的完成。

识别标记语之后，研究者进一步探索了它们与每个图式之间的关系，发现如下特点：

①旅行图式与时间标记语、参与者身份标记语和移动标记语关系密切。在旅行中，群体成员的生存取决于能否在偏远地区被追寻到踪迹，因此这一关联对雅马吉族人来说具有明显的实际意义。

②与狩猎图式关系密切的话语标记语近似于与旅行图式关系密切的话语标记语。

③在观察图式中没有发现任何话语标记语的集中使用。

④遭遇未知或可怕之物图式与侧面标记语关系密切。

（5）识别话语策略

话语策略指在连续文本中出现的文体手段。此分析步骤以服务教学研究为目的，如研究与教学无关，此步骤也可省略。

经过识别统计，共发现16种话语策略。注意，在下面的例子中，均使用了文献原文，有些拼写不同于英文的规范拼写，但并不是错误拼写。

①预先告知策略

例子：You know my father?

这个开场白起到了双重作用，既吸引了非原住民成年听者的注意，又为接下来的告知行为做了铺垫。

②对称框架策略

一些文本以结尾反映开头，虽然有一些与开头不完全相同，但体现出了一种首尾对称的框架结构。

③概述策略

概述是描述一个场景或一系列行动的一种包容性方式，这样就不会突出任何内容。内容的细节通常不会充分展开。

④主题关联策略

指通过主题与主题之间的相互关联来推动叙事，而不是按照时间顺序。雅马吉族人对这种策略的使用既体现在话轮之内，也体现在话轮之间。

⑤结构性重复策略

例子：E **got is ging out**. I **got my ging out**.

重复使用一些结构有时也能达到引人注意的效果。

⑥词汇重复策略

例子：E **sing** ... e was **sing**

同样的词语也可以作为一种表达手段重复使用。

⑦词汇替代策略

例子：e was sittin up on top of **the thing**.

雅马吉族人有时用“thing/ting/sing”（ting 和 sing 是雅马吉族人在读“thing”时的变体）来代替其他名词。即使这个名词没有在前文出现过，但只要说话者认为听者能够从语境中推测出来，就会使用这种策略。雅马吉族人的英语不喜欢过分直白。

⑧主语省略策略

例子：I ad a shot. Miss im.

在雅马吉族人的快速叙述中，会省略部分连续出现的重复主语。

⑨添加悬疑标记语策略

例子：he was on the groun **dere**.

“there/dere”经常被加在句尾，并用升调读出来，以达到悬疑的效果。

⑩添加亲和标记语策略

例子：I dived on one, **boy**

"boy"经常被加在句尾，并用升调读出来，以表达对听者的亲切感。

⑪ 协作叙述策略

在叙述中，可能会出现两个或两个以上的叙述者协作的现象，他们会互相帮助，彼此提示、确证、扩展、澄清或赞同。这种协作不会被当作故意打断叙述。

⑫ 邀请叙述策略

例子：I nearly fell over, **eh**

当出现协作叙述时，一个说话者可能会以"eh"或"unna"作为句子结尾，以此邀请协作者参与对话。

⑬ 延长元音策略

例子：we gotta **biiiiig** one

词汇项的语义值（尤其是与大小、时间或距离有关的词语）可以通过元音的延长和音高的提高来增强。

⑭ 转换语码策略

例子：My brother drilled a rabbit in the... in the arse... in the... **bottom**.

为达到表达效果，说话者可以在土著英语和正式英语语域之间转换语码。

⑮ 手势辅助策略

例子：dey made one like dat — **go round like dat**

有时说话者觉得自己的言语表达不够清楚，于是会加上手势，以便使听者更明白。

⑯ 副语言辅助策略

例子：e went 'whish'

说话人会采用副语言手段（如模仿描述对象的声音）来补充其意义。

识别话语策略之后，研究者进一步探索了它们与每个图式之间的关系，发现如下特点：

①协作叙述策略与观察图式关系密切。

②出现协作叙述策略时，通常会伴随出现一系列的观众参与策略（如添加亲和标记语策略、邀请叙述策略等）。

③遭遇未知或可怕之物图式经常与添加悬疑标记语策略、对称框架策略、结构性重复策略、词汇重复策略及延长元音策略一起出现，以达到引人注意的效果。

④概述策略与旅行图式和狩猎图式关系密切。

（6）归纳总结

在以上分析的基础上，研究者还给出了4个基本图式的典型文本解读，并对与图式共现的话语标记语与话语策略做出了归纳总结。

第三步：文化溯源

在此例中，还缺少对土著儿童与非土著英语儿童话语的对比分析，研究者也承认这一点。但研究者认为，即使缺少了这一步骤，也可以看出这些土著儿童的话语普遍受到与其文化相联系的图式的影响。众多例子表明，他们将自己祖先与土地密切相关的狩猎采集生存方式当作图式，而把自己的行为当作图式的原型。他们的话语不仅反映了语言技能，也反映了重要的生存策略，如观察、对时间和空间进行定位、避免与群体隔离、坚持猎取猎物以及对未知事物保持谨慎态度等。

（四）概念联想分析法（Conceptual-Associative Analysis）

我们主要通过分析谢里夫2005年的研究来介绍这种方法（Sharifian，2005）。在此例中，谢里夫采用了一种民族志的方法来分析词汇联想。在此之前，词汇联想主要用于对各种认知结构的定量研究（Sharifian，2017：42）。此项研究主要分为两个阶段：第一阶段是联想阶段，即将一些英语单词作为提示词（即刺激词汇），以引出一些土著和非土著学生的“概念化”（conceptualisation）；第二阶段是解读阶段，即分析参与者所做出的联想反应，并尝试界定它们体现出的文化概念化。

该研究探讨了在西澳大利亚州就读都市学校的学生在英语单词使用中体现出的文化概念化。研究的参与者共两组，一组为30名土著小学生，一组为英裔澳大利亚小学生。在研究之前，许多教育工作者都认为这两组学生使用的是同样的方言。但研究结果表明，两个文化群体之间存在着不同但又有所重叠的文化概念化系统。研究者认为，差异源于每个群体独特的文化，而产生重叠的原因则较多，其中的一个因素是类似的物理环境可能会使人产生类似的经验。此项研究的意义在于，它揭示了语言变体的关键特征可能在于它的概念基础，而不是其语法或语音特征。同时，它也促使我们重新审视“方言”这一概念。

珀斯土著儿童英语词汇中的文化概念化研究

第一步：数据收集

（1）提示词准备

准备32个单词。这些词语是在一名研究助理的帮助下，从两组学生熟悉的日常英语单词中挑选的。前两个词被用作热身实验，以建立参与者的反应模式，同时也用于确保参与者理解任务过程。

32个单词是：learn, tree, aboriginal, home, food, people, fight, family, country, fun, Australia, camping, story, birds, animal, Mum, dream, watching, takeaway, walk, deadly, park, white, shame, life, lovely, important, kangaroo, smash, speaking, hunting, going out

（2）刺激并收集话语

在一名土著教育官员（AIEO）在场的情况下，研究人员在学校操场上收集了参与者的数据。

研究者口头说出一个提示词，然后要求参与者同样以口头的方式来回答他们想到的是什么。

研究者认为，以前的词语联想研究大多将反应（即参与者在听到提示词之后联想到的内容）的大小限制在单个词语上，这可能会掩盖有关反应在较大语言单位中关于概念结构的重要信息。因此在此项研究中，对参与者的话语量没有限制。

提示词以随机顺序呈现给每位参与者。在实验结束时，调查员或土著教育官员偶尔会要求参与者详细说明他们的回答，这使得任务更具互动性。全程对参与者的回应进行录音，最后由研究者将录音转写成文字。

第二步：数据分析

（1）前期准备

前期准备包括：调查“参与者和/或文化群体其他成员的直觉”；进行“文献研究”；研究者总结在实地工作和相关研究中的专业知识/直觉。这三者构成了“三角解读”（triangulated interpretation）。

（2）识别文化概念化

利用“三角解读”识别文化概念化，即文化图式和文化范畴。

（3）分析话语

在识别出的文化概念化的基础上，利用民族志方法分析参与者话语，即对提示词的回应。

下面是两组参与者对“shame（羞耻）”一词的回应。

土著学生对提示词“shame”的回应为：

• Shame of someone you haven’t seen before, some of your people you’re shame of them, [AIEO: Shame of people you haven’t seen for a while, unna? I: for a long time], shame of someone that you haven’t seen.

• You’re shame of other people, shame of animals.

• When you’re shy, when you’re first to the school or to a holiday and you go to your friends and you're shame and you're not shy.

• Shame from the teacher, shame from your mum and dad [AIEO: Why would you be shame from your mum and dad? I: I dunno. AIEO: Do you feel scared or shy? I: shy].

• When I don't know someone and I have to shake their hand and it's shame.

• I get shame when I see anybody else.

• When you meet somebody that you might like or something, sometimes it's a bit shame when you walk in a place and there's a lot of people sitting down watching you.

• And I'm shame when I'm going to go on a ride, my sister goes but I don't want to, it's too shame. AIEO: What ride, like a show or something. I: yeah, people stare at me.

• When you're dancing or singing, or it's your first coming to school.

英裔学生对提示词"shame"的回应为：

• Guilt, honesty.

• Something that can be pretty embarrassing, you don't wanna do some times.

• Disorder and annoying, naughty, thinking about what you did.

• Sad, heartbreak.

• Disappointed, not happy. Unhappy, scared, talking, you're shame to talk to people.

• You're shamed of yourself because you've done something really strange or people just angry at you.

• Shame you don't play with anyone, shame you don't go anywhere, shame you don’t get a lollypop.

• I do something wrong and I blame myself. It’s like when you lose then you have to walk of shame because you didn’t win, and shame when you’re being bad.

• Feel sorry for yourself.

• You’ve done something wrong, you feel guilty, walking in front of a crowd and you’re a little shame.

• I think of being embarrassed, I think of losing, every single time I go on a race or something, X told me there’s another reason for shame in the Aboriginal language but I forgot it, it was like scared I feel like being scared too.

土著参与者关于“shame”的话语中所反映出的文化图式主要与“个人从群体中孤立出去（无论因为什么原因）”的经验和情绪相关，或与“对父母、长辈、圣地等的尊重”相关。全新的经验（经历）也经常让土著学生感到“羞辱的（being shamed）”不适感。

对英裔参与者来说，“shame”一词所引发的图式则多与“做错事”和“内疚感”有关。

在文化范畴方面，土著参与者经常将“aunt（姨/伯母）”，甚至是“grandmother（祖母/外婆）”都归为“mother（母亲）”的范畴。研究者认为，这与土著居民普遍在多位家庭成员陪伴下生活的经验有关。他们在大家庭里学会了行为规范、义务和责任、分享、尊重等等，这些文化概念化是他们能够生存下来并保持特色的原因。

另一个明显的例子是，土著参与者经常将“kangaroo（袋鼠）”归入“food（食物）”或“狩猎游戏（hunting game）”的范畴，而英裔参与者通常将它归入“animal（动物）”的范畴。

第三步：总结归纳

研究最后探讨了两组参与者话语之间异同点可能产生的原因，以及对教学法的启示。

（五）故事回想之概念分析法（Conceptual Analysis of Story Recounts）

我们主要通过分析谢里夫等人2004年的研究来介绍这种方法（Sharifian，Rochecouste & Malcolm，2004）。非土著教育工作者并非总能在课堂上理解土著儿童的口头叙述，因此常常会产生误解。此项研究探讨了非土著教育工作者在理解土著儿童的口头叙述时所采用的图式，以期促进非土著教育工作者对土著儿童的理解。

研究的主要参与者是6名非土著教师，同时由4名土著教育官员组成控制组。6名教师有男有女，涵盖了不同年龄段，平均教龄在5年以上，来自珀斯市区的三所小学和一所高中。

非土著教育工作者理解土著英语文本研究

第一步：数据收集

（1）准备工作

研究者从澳大利亚埃迪斯科文大学应用语言和读写能力研究中心的土著英语语料库中选择了8个独立的叙述，包括口头和文字两种版本。

将8段叙述复制到磁带上，每段之间间隔5秒。每段内容都以对叙述的介绍开始，包含对背景和叙述中对话者的描述。之后是给参与者的简短指令。每个段落复制两次，使参与者能听到两次，以减少因噪声或记忆力差造成的误解。

将8段叙述转写成文本，印在一个小册子上。

（2）数据收集过程

在每个参与者所在的学校收集数据，以创造一个有利于录音的环境。

参与者在一对一的基础上进行回想任务。数据收集过程如下：

①参与者听取关于研究项目的介绍，并签署同意书。

②告知参与者关于任务的指令。

③参与者单独录音。

④为参与者播放第一段叙述，并要求他们立即回想听到的内容，同时对参与者的回想进行录音。

⑤为参与者再次播放第一段叙述，要求参与者进行第二次回想并录音。

⑥让参与者阅读印有 8 段叙述文本的小册子（此时只让他们看第一段叙述的文本），要求他们对自己的回想能力和准确性进行自我评价，同时对这些评价进行录音。

⑦让参与者按第④—⑥步的步骤继续完成对其他 7 段叙述的回想。

⑧在完成对 8 段叙述的回想后，要求参与者回想这 8 段叙述并阐述自己对它们的理解。

第二步：数据分析

（1）回想模式分析

进行回想模式的分析主要借助“意义单位（idea units）”，目的在于探索参与者在理解叙述时所采用的内容图式。

意义单位的分类来源于 Johns & Mayes（1990：258），具体内容如下：

① 当主句有一个直接宾语、一个副词元素和一个从属标记时，算作一个意义单位。

② 完整的关系从句和副词从句算作一个意义单位。

③ 出现在句子初始位置的短语（不包括过渡性短语）、后面有逗号的短语或用逗号与句子分开的短语都算作独立的意义单位。

④各种类型的缩略句，包括大多数动词和不定式结构，都算作独立的意义单位。

⑤在名词后用作修饰语的“-ing”短语算作一个意义单位。例如：“So animals just remain in the water, ***dying***.”

⑥在一个有复合动词的句子中，第二个动词短语被算作一个独立的意义单位；多个主语和多个直接宾语也算作独立的意义单位。

⑦其他被算作独立意义单位的类型包括：

• 绝对短语（又称绝对主格）。通常由名词或代词与分词短语组成。它修饰整个句子，而不是单个名词，这也是它与分词短语的区别。例如："***Its concern heightened***, the government will urge industries to improve."

• 同位语。例如："A major type of pollution, ***thermal pollution***, is discussed in this article."

为了对比参与者回想中的意义单位与原叙述中的意义单位，研究者开发了一个回想意义单位的 5 级分类索引，具体如下：

• 正确回想：指与原叙述相比，参与者回想的意义单位是完整的。

• 部分回想：指与原叙述相比，参与者回想的意义单位只包含其中的一部分。

• 失真回想 / 重新阐释：指参与者回想的意义单位不同于原叙述或对原叙述进行了重新阐释。

• 多余回想：指参与者回想的意义单位超出了原叙述的意义单位。

• 省略回想：指参与者无法回想起原叙述中的所有意义单位。

如果原叙述为 "My uncle was chasing a kangaroo."（我的叔叔去追一只袋鼠），那么 5 种回想类型分别举例如下：

正确回想为 "The uncle was chasing a kangaroo."（叔叔去追一只袋鼠。）

部分回想为 "The uncle was chasing something."（叔叔去追什么东西了。）

失真回想 / 重新阐释为 "The dog was chasing a kangaroo."（狗去追袋鼠了。）

多余回想为 "The uncle was chasing a kangaroo and he ran over it."（叔叔去追袋鼠，还从袋鼠身上跑了过去。）或 "There was a cave."（那里有一个山洞。）

省略回想为 "A case where neither the uncle nor the chasing of the kangaroo was recalled."（在回想中，参与者既没有提起叔叔，也没有提到追袋鼠的事。）

研究发现，参与者对原叙述中的图式熟悉程度不同。有时，非土著教育工作者只以自己的图式来理解叙述，会在回想中给出不同于原叙述的意义单位。这部分分析内容较多，下面以部分回想分析为例进行简单说明。

非土著参与者回想中的意义单位有相当大的比例属于部分回想。这种情况以“something about（关于……某物 / 事）”或“someone（某人）”的使用为典型代表。比如下面这段回想：

> There was **somebody** and they smelt petrol gas or something, **someone** cooking in the kitchen and um her ah Nanna came out, some other relatives came around, Nanna Pop auntie, **someone** came round and said ‘Get out of this house not your house’. **Something about** the spirit and choking, she was being choked and um they were praying, they were praying about the spirit or **something about** the spirits, with the window open and the spirit would go out, she was choking and they kept praying. (Text 5, PN.)

上例反映出参与者对叙述进行了最低限度的言语加工，即叙述中的某些记忆节点没有被听者“加工”。这种情况是根据这样一个假设：对话双方存在着共同的图式，因而不必将对话信息说得过于精确，对话双方也能彼此理解。总的来说，产生这种情况的原因可能有两个：一是参与者在听的过程中没能抓住某些信息，二是参与者缺乏必要的图式（即土著居民叙述中的图式）来补全丢失的信息。

下面是一段土著参与者的回想：

> Talking about one time hunting, in the car chasing down the fence line, **like most of us do**, most of the kangaroos head toward the fence line anyways to jump it and to get away yeah so, **must’ve hit a fence** cos

he ran over the barbed wire, popped the tyre, yeah so pretty much it from that story, what I caught onto anyway. (DF.)

“like most of us do（像我们大多数人一样）” 反映出这名土著参与者对他所听到的叙述中所反映的图式很熟悉。参与者还用 “must’ve hit a fence（一定是撞到了栅栏）” 做了解释，这也是由相关的文化图式决定的。这个例子说明，熟悉叙述中的文化图式可以帮助参与者理解并回想，而对这些图式不熟悉则会削弱对叙述的理解。

（2）图式对比

此步骤将 8 段叙述中的图式与非土著教育工作者在回想这些叙述时的图式进行对比。图 5-4 摘自一位非土著教育工作者对第四段叙述的回想，左边为原文，右边为回想内容。

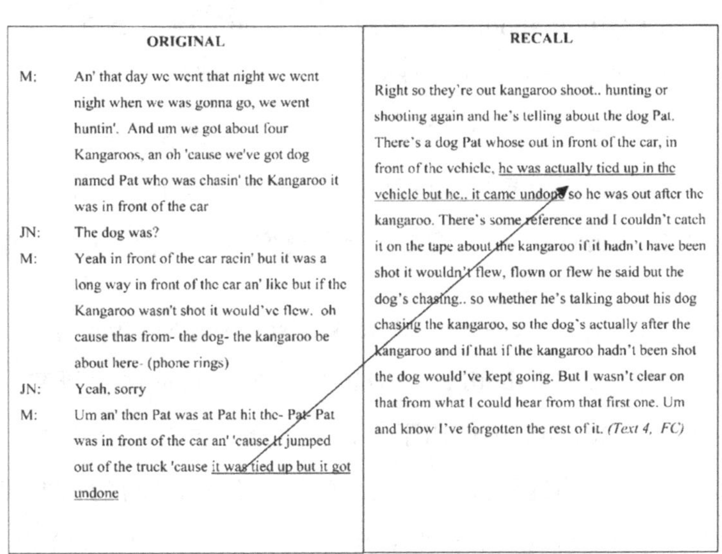

ORIGINAL	RECALL
M: An' that day we went that night we went night when we was gonna go, we went huntin'. And um we got about four Kangaroos, an oh 'cause we've got dog named Pat who was chasin' the Kangaroo it was in front of the car JN: The dog was? M: Yeah in front of the car racin' but it was a long way in front of the car an' like but if the Kangaroo wasn't shot it would've flew. oh cause thas from- the dog- the kangaroo be about here- (phone rings) JN: Yeah, sorry M: Um an' then Pat was at Pat hit the- Pat- Pat was in front of the car an' 'cause it jumped out of the truck 'cause <u>it was tied up but it got undone</u>	Right so they're out kangaroo shoot.. hunting or shooting again and he's telling about the dog Pat. There's a dog Pat whose out in front of the car, in front of the vehicle, <u>he was actually tied up in the vehicle but he.. it came undone</u> so he was out after the kangaroo. There's some reference and I couldn't catch it on the tape about the kangaroo if it hadn't have been shot it wouldn't flew, flown or flew he said but the dog's chasing.. so whether he's talking about his dog chasing the kangaroo, so the dog's actually after the kangaroo and if that if the kangaroo hadn't been shot the dog would've kept going. But I wasn't clear on that from what I could hear from that first one. Um and know I've forgotten the rest of it. *(Text 4, FC)*

图 5–4 土著教育工作者的回想与原文对比

通过对比可以发现，原文中的最后一个意义单位（即 “it jumped out of the truck ‘cause it was tied up but it got undone”）在回想中被提到了一个靠

前的位置。这种变化反映了土著英语与非土著英语不同的话语组织图式，原文中处于最后的意义单位被提前后更类似于以时间线叙事，这也更符合非土著英语的组织图式。

（3）归纳回想的一般模式

此步骤是探索4名土著教育官员在回想时所采用的一般模式。进一步分析土著教育官员的回想，结果显示，他们采用了一种“整体”回想策略，也就是说，以总结的方式再现叙述中的主要事件。

下面以对第二段叙述的回想片段为例：

> Um young boys went out hunting, just telling about how they went out kangarooin', how they shot the kangaroo. (KS.)

从上例可以看出，原叙述中的几个意义单位在回想中成了一个更高级别的意义单位。“just telling about how they went hunting（讲述了他们去打猎的事）”暗示着“你应该知道发生了什么”和“你知道细节”。这种情况也许可以归因于存在“共享图式”的假设，也就是说，土著参与者认为研究者已经具备了相关的图式，因此只要提供简短的线索就可以了。例如，他们只需提到“rooing”或“kangarooin”，听者就会知道它们所代表的通常程序。

（六）（元）话语分析法〔（Meta）Discourse Analysis〕

谢里夫和泰约比（Tahmineh Tayebi）在2017年的两项研究（Sharifian & Tayebi, 2017a，2017b）中使用了一种三层分析法，即元话语分析、话语分析、概念分析。采用这种分析法有助于达到三个研究目的：（1）利用元话语分析，识别用于定位礼貌 / 非礼貌性表现的话语标记语；（2）利用话语分析，识别导致对礼貌性 / 非礼貌性行为进行评价的场景；（3）利用概念分析，研究对礼貌性 / 非礼貌性行为的感知与评价以及构成其潜在基础的文化概念化之间的关系和性质。

下面我们通过分析第一个研究来讲解此方法，即谢里夫和泰约比2017年的研究“Perception of (Im)Politeness and the Underlying Cultural Conceptualisations: A Study of Persian（礼貌性/非礼貌性感知及其潜在文化概念化——波斯语的研究）”。

此研究从文化语言学的角度出发，研究“文化”作为影响波斯语中礼貌性/非礼貌性评价的众多重要因素之一的作用。此研究认为，文化语言学（特别是文化图式概念）有可能为探索语言的礼貌性/非礼貌性使用提供一个强有力的分析框架。

礼貌性/非礼貌性感知及其潜在文化概念化研究

第一步：数据收集

（1）在线数据

研究者从一些活跃的论坛及关于生活方式的博客中摘录了一些内容，这些内容是与人际关系、姻亲关系、恋爱/分手、大学经历、学生生活、生活方式及其他类似话题有关的讨论。摘录的内容是根据要调查的文化概念化的主题来选择的，如有许多内容涉及关系冲突和姻亲关系主题。

（2）田野记录

研究者收集并记录了一些田野调查。记录内容为研究者与伊朗的波斯语使用者进行的日常交流，记录起始时间为2014年1月至2015年1月。数据来源有男有女，年龄从17岁到50岁不等。

（3）礼仪手册

此研究还查阅了一些关于波斯语礼貌规范的礼仪指南和图书。

第二步：数据分析

（1）元话语分析

元话语分析的重点是识别参与者在描述互动中发生的不礼貌行为时经常使用的词汇或表达方式。

由于分析是基于对话者在互动过程中所表达的个人评价的，因此，虽然一些话语在研究者看来是不礼貌的，但如果没有明确的标记语显示它们是对话者对某一不礼貌行为的评价，那么就会被排除在分析之外。

下面是田野记录中一段夫妻之间的对话（示例为对波斯语的转录）：

> Your mother’s behaviour was really ugly [rude], she didn’t invite my sister to stay for dinner.

元话语分析就是找出这句话中的“ugly”，把它作为对不礼貌行为进行评价的标记语。

（2）话语分析

话语分析是用来识别导致对非礼貌性行为进行评价的场景的工具。

在上面这段摘录中，话语分析揭示了不礼貌行为产生的场景，即丈夫的母亲没有向说话人的妹妹及其家人发出邀请，而这被认为是不礼貌的。

（3）概念分析

概念分析研究不礼貌行为的感知和评价与构成其潜在基础的文化概念化之间的关系，以及相关文化概念化的民族志。

仍以上面的摘录为例。概念分析探讨了邀请与违反“ta’arof（仪式礼节）”这一基本文化图式之间的关系。不管是表面上的还是真正的邀请，都是波斯语“ta’arof”文化概念的组成部分。在这一文化图式中，如果有第三个对话者在场，一个对话者向另一个对话者发出邀请时，就应该向第三个对话者也发出邀请，即使只是出于表面的客气。违反这一图式的行为会被认为是不礼貌的行为。

第三步：分析文化图式与话语之间的关系

研究者认为，“adab（礼貌）”文化图式是波斯语中礼貌性/非礼貌性行为概念化最重要的图式。“adab”又包含5个下层图式，分别为“aberu（面子）”、“rudarbayesti（由距离产生的一种尊重的状态或感觉）”、“sharmandegi

（羞耻心）”、“ta’arof（仪式礼节）” 和 “shekast-enafsi（自谦）”，它们的关系如图 5-5 所示：

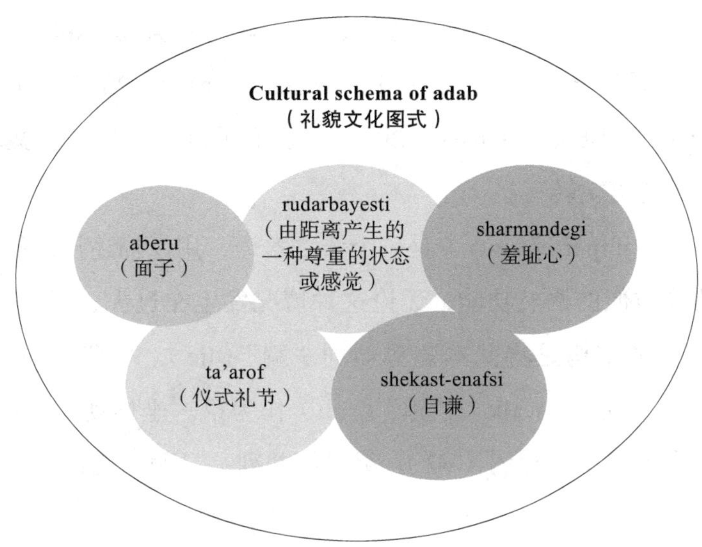

图 5-5 波斯文化中的礼貌图式

在 5 种下层图式之中，“ta’arof” 图式对波斯语中礼貌性 / 非礼貌性行为的评价具有重要影响。研究收集到的数据发现，在互动过程中，违反 “ta’arof” 文化图式的行为都受到了负面评价，并经常被参与者的元语言提及。

在 “ta’arof” 图式的影响下，波斯语者（为了显得礼貌）会尽量避免表达真实的意见，尤其是有关批评的意见。因此，“not doing ta’arof” 就表示不按 “ta’arof” 图式行事，表达自己的真实意见，提出批评等，意即非常真实、非常坦率，比如下面两段来自博客的摘录（示例为对波斯语的转录）：

> I am a very **frank** person, and I **don’t do ta’arof** with anyone. I am very forward with expressing my opinion... I also hate hypocrites and liars...
>
> I **don’t do ta’arof** with anyone... and I can’t be bothered if people think that I am impolite or rude, I am just a frank person!

此外，该研究还分析了“请求时”“提供物品或服务时”“接受物品或服务时”“发出表面的邀请时”体现“ta'arof”图式的话语。

（七）基于语料库的分析方法（Corpus-based Analysis）

我们主要通过分析延森（Kim Ebensgaard Jensen）2017 年研究中的一个案例来介绍这种方法（Jensen，2017）。以下示例中出现的英文均为原研究者对丹麦语的英文转写。

非完成态（imperfectivity）是一个语法术语，用于描述持续的、习惯性的、重复的或类似的语义功能，无论这种情况发生在过去、现在还是将来。丹麦语中有一种结构是将基本姿势动词“躺”（lie）、“站”（stand）、“坐”（sit）或自动词“走”（walk）、“跑”（run）作为第一坐标动词（V1），将另一个动词作为第二坐标动词（V2），组成假并列，且两个动词以相同的时态和语态出现。

例（1）：I remember — no, I don't remember it, but I have just been **rereading** it (**while sitting**) — a completely superfluous similar debate two years ago here in this hall...（注：在原丹麦语中，rereading 和 sitting 是并列结构，即应写作 rereading and sitting，这里为原研究者的转写，以下两例与此相同。）

例（2）：I ponder that question as, like a living mummy smothered in hot dark-green mud and stuffed into three layers of plastic and cotton blankets, I am **waiting** (**while lying**) for my masseur to come back.

例（3）：The companies turn into what is called portfolio investors who **buy** and **sell** stocks (***while lying**), and who do not think a lot about what it is they buy and sell.

从语义上说，以上三例的结构并不是将两个事件放在一起的并列句。借助 V1（即小括号中的部分）的非完成态或习惯性表达，让 V2（即字体加粗部分）实际表示一种伴随状况。在例（1）、例（2）中，通过非完成态，sitting 和 lying 仍然保留了姿势动作的语义；但在例（3）中，lying 似乎完全失去了语义，即不再表示一种姿势动作，而仅是表达一种习惯。

由于 V1 在许多情况下保留了语义，并突出了 V2 所唤起的语义框架的一个方面，它也可能让我们对丹麦文化中被认为是某些特定活动的典型姿势动作或自动动作的类型有一些了解。换句话说，研究这种结构有助于我们认识一系列不同类型活动的潜在认知和文化图式。

丹麦语中的文化图式、基本姿势动词和假并列句研究

第一步：数据收集与处理

研究利用了 KorpusDK 子语料库 Korpus2000 中的数据。Korpus2000 是 1998—2002 年间的书面丹麦语通用语料库，包含了各种不同的领域、语域和体裁，约有 2800 万字。

检索其中所有的“stå/sidde/ligge/gå/løbe/rende and V”结构，之后再进行人工复核，共收集到语料 3719 例。

第二步：数据分析

首先按照表 5-1 统计共现词素总和：

表 5–1　共现词素统计方法

词类	空位 2 中的词素 2	空位 2 中的其他词素	行总和
空位 1 中的词素 1	x	a	x + a
空位 1 中的其他词素	y	b	y + b
列总和	x + y	a + b	列总和加行总和

通过 Fisher-Yates Exact Test 检验，得出一个 p 值，称为“搭配强度”，它表明两个词素在结构中的共吸引强度。然后将 p 值进行对数转换，使区分

度更加精确。经过计算，得到 50 对搭配强度最高的词素，见表 5-2：

表 5-2　搭配强度最高的 50 对词素

排名	V1	V2	搭配强度	排名	V1	V2	搭配强度
1	ligge	flyde	146.4526	17	gå	feje	22.6882
2	ligge	sove	123.4703	18	sidde	lytte	22.3126
3	stå	mangle	121.1872	19	ligge	gispe	21.6318
4	sidde	skrive	77.3812	20	gå	tumle	20.9167
5	gå	tro	63.8541	21	ligge	sprælle	19.5239
6	gå	lave	46.7262	22	stå	vinke	19.0993
7	sidde	spise	45.5418	23	stå	kigge	17.3896
8	løbe	lege	42.4986	24	sidde	chatte	16.8024
9	sidde	drikke	37.4307	25	stå	trække	16.5570
10	stå	råbe	33.2422	26	stå	vaske	16.5570
11	stå	skulle	31.7861	27	stå	sige	16.1527
12	sidde	læse	27.2750	28	sidde	glo	16.0765
13	ligge	ulme	25.3017	29	ligge	vride	16.0506
14	gå	drømme	24.5081	30	ligge	brække	15.6126
15	ligge	lure	22.7972	31	ligge	dø	15.6126
16	gå	bilde	22.6882	32	ligge	duve	15.6126
33	ligge	slås	15.6126	42	gå	gemme	12.0407
34	ligge	rode	15.4657	43	gå	tænke	11.9176
35	gå	foretage	15.1134	44	sidde	høre	11.8344
36	gå	rydde	15.1134	45	gå	fundere	11.8066
37	sidde	krybe	14.9321	46	gå	overveje	11.8066
38	stå	læne	14.3171	47	ligge	sole	11.7579
39	gå	glæde	13.1033	48	ligge	slumre	11.7046
40	ligge	vippe	12.8944	49	stå	trippe	11.4000
41	stå	skrige	12.5008	50	sidde	forhandle	11.3749

“ligge—sove、ligge—dø、gå—feje、sidde—læse、sidde—spise”等词素对都体现了语义连贯原则，其中，V1 都表达了一种身体姿势。

还有几个词素对中的 V2 所表达的动作或事件图式表征了某种文化概念化。以“sidde—forhandle”词素对为例，“forhandle”是一个互动动词，它与“sidde”（相当于英语中的“sit”，即“坐”的意思）构成高搭配强度的词素对。这表明，在丹麦文化中，互动时坐下是一种习惯，因此在这种情景的图式化中，坐着是一种原型姿势。

单独列出其他互动动词与“sidde（sit）”词素对的搭配强度，得到表 5-3：

表 5–3　其他动词与“sidde（sit）”词素的搭配强度

V1	V2	搭配强度
sidde	lytte	22.3126
sidde	forhandle	11.3749
sidde	snakke	9.7695
sidde	drøfte	5.5933
sidde	diskutere	5.0343
sidde	kommunikere	1.8636
sidde	tale	0.7067

根据表 5-3，与“sidde”搭配强度最高的是“lytte（listen）”，这表明在丹麦文化中，坐着与听别人说话在行为习惯上是相关的。

为更好地了解“sidde”与互动动词之间的共吸引程度，可以将 V2 中的某一词素单独提取出来，分析它与每个 V1 动词之间的关系。以“snakke”（相当于“chat”或“talk”，即“谈话”的意思）为例，其搭配强度见表 5-4：

表 5–4　部分动词与“snakke（chat/talk）”词素的搭配强度

V1	V2	出现频次	期望频次	关系	搭配强度
sidde	snakke	57	41.36	吸引	9.7695

续表

V1	V2	出现频次	期望频次	关系	搭配强度
ligge	snakke	8	14.96	排斥	4.5430
stå	snakke	25	31.9	排斥	2.3098
gå	snakke	15	15.92	排斥	0.0660

由表 5-4 可以看出，“snakke”只与“sidde”是共吸引关系，而与“ligge、stå、gå”则是排斥关系。这表明在丹麦文化中，“坐”着“谈话”是一种行为规范。

（八）民族志概念文本 / 视觉资料分析法（Ethnographic-conceptual Text / Visual Analysis）

我们主要通过分析丁翠玉（Thuy Ngoc Dinh）2017 年的研究来介绍这种方法（Dinh，2017）。在此例中，研究者将研究过程分为四步：第一步是识别文本中反映出的文化概念化；第二步是文献检索，寻找与已识别出的文化概念化相关的民族志研究；第三步是尝试将民族志研究结果与第一步中的文本联系起来，以更好地阐明英语课本中识别出的文化概念化；第四步是对课本中所包含的视觉资料进行符号学分析，看它们是否也反映了已识别出的文化概念化。

越南英语课本中的文化概念化研究

第一步：数据收集

研究数据来自两套教材，分别是越南自编的教材《英语 10》和国际英语教材《新航线》（*New Headway*）第 3 版的中级课本。

首先对两本教材中的文本和视觉资料进行文化内容的分析；然后再从《英语 10》中挑出单元 1，从《新航线》中挑出单元 6，因为这两个单元都包含“饮茶”的事件图式，方便进行对比研究。

第二步：数据分析

（1）文化概念化识别

通过标题、主导话题或关键/重复概念中揭示的文化概念化，识别出“饮茶”文化图式。

（2）民族志分析

进行文献研究。

（3）在民族志研究的基础上进行概念分析

在文献研究的基础上，列举出越南饮茶和英国饮茶的几种主要文化图式。

越南饮茶的主要文化图式包括：

饮茶以巩固邻里友谊

饮茶以示尊敬与好客

饮茶以享受自然与宁静

饮茶以冥想与深思

英国饮茶的主要文化图式包括：

饮茶以提神

饮茶以寻求安慰与平静

饮茶作为一种家庭习俗

饮茶以寻求家庭温暖

饮茶以体现英国范儿

饮茶作为一种强化联系的手段

（4）文本和视觉资料分析

①对《英语 10》第 1 单元的文本和视觉资料进行分析

该文本反映了“饮茶以巩固邻里友谊”的文化图式，说明了故事主角在什么时候、在哪里、与谁饮茶，见下面的两段文本：

During my break I often drink **tea** with my **fellow peasants** and smoke local tobacco.

Sometimes we go and see our **neighbours** for a cup of **tea**. We chat about our work, our children and our plans for the next crop.

由以上文本可知，饮茶图式包括：主角在结束工作之后与邻居饮茶，同时吸土烟，品尝当地的土特产，聊庄稼、村子、邻里之间的故事。邻里之间在饮茶时互相交流信息，巩固他们之间的关系。

②对《新航线》中级课本第 6 单元的文本和视觉资料进行分析

该文本反映了“饮茶作为一种家庭习俗”“饮茶以寻求安慰与平静”和“饮茶作为一种强化联系的手段”这三种文化图式。

相关文本及图片（图 5-6）如下：

The room in our house I like best is our kitchen. Perhaps the kitchen is the most important room in many houses, but it is particularly so in our house because it's not only where we cook and eat but it's also the place where family and friends come together.

A DESCRIPTION (1)

Describing a room – relative pronouns, participles

1 Think of your favourite room. Draw a plan of it on a piece of paper. Write down why you like it and some adjectives to describe it.

My favourite room is . . .   I like it because . . .

Show a partner your plan and talk about your room.

2 Read the description. Why is this kitchen more than just a room where you cook and eat?

3 Complete the description using these relative clauses:

which tells the story
that we're going to next Saturday
where we cook and eat
whose family have all emigrated
which is the focal point of the room
which means
we haven't seen
I like best
who are cross and sleepy
where family and friends come together

GRAMMAR SPOT

1 Underline the relative pronouns in exercise 3. What do they refer to? When do we use which, who, that, where, and whose?

2 Look at the these sentences. We can omit the relative pronoun from one in each pair. Which one? Why?

This is the room **which** I like best. / This is the room **which** has a good view of the sea.

He's a friend **who** we haven't seen for years. / He's a friend **who** lives in London.

3 Look at these examples of participles. Rewrite them with relative pronouns.

I have so many happy memories of times **spent** there.

There is a large window **looking** out onto two apple trees in the garden.

▶▶ Grammar Reference 6.5 and 6.6 p143

My favourite room

The room in our house (1)________ is our kitchen. Perhaps the kitchen is the most important room in many houses, but it is particularly so in our house because it's not only (2)________, but it's also the place (3)________.

I have so many happy memories of times spent there: ordinary daily events such as making breakfast on dark, cold winter mornings for children (4)________, before sending them off to school, or special occasions such as homecomings or cooking Christmas dinner. Whenever we have a party, people gravitate with their drinks to the kitchen. It always ends up the fullest and noisiest room in the house.

So what does this special room look like? It's quite big, but not huge. It's big enough to have a good-sized rectangular table in the centre, (5)________. There is a large window above the sink, looking out onto two apple trees in the garden. There's a big, old cooking stove at one end, and at the other end a wall with a huge notice board (6)________ of our lives, past, present, and future: a school photo of the kids; a postcard from Auntie Nancy, (7)________ to Australia; the menu from a take-away Chinese restaurant; an invitation to a wedding (8)________; a letter from a friend (9)________ for years. All our world is there for everyone to read!

The front door is seldom used in our house, only by strangers. All our friends use the back door (10)________ they come straight into the kitchen and join in whatever is happening there. The kettle goes on immediately and then we all sit round the table, drinking tea and putting the world to rights! Without doubt some of the happiest times of my life have been spent in our kitchen.

图 5–6 《新航线》中级课本第 6 单元中的插图

I have so many happy memories of times spent there: ordinary daily events such as making breakfast on dark, cold winter mornings for children who are cross and sleepy, before sending them off to school; or special occasions such as homecomings or cooking Christmas dinner. Whenever we have a party, people gravitate with their drinks to the kitchen. It always ends up the fullest and noisiest room in the house.

So what does this special room look like? It's quite big, but not huge. It's big enough to have a good-sized rectangular table in the centre, which is the focal point of the room. There is a large window above the sink, looking out onto two apple trees in the garden. There's a big, old cooking stove at one end and at the other end a wall with a huge notice board which tells the story of our lives, past, present and future: a school photo of the kids; a postcard from Auntie Nancy, whose family have all emigrated to Australia; the menu from a takeaway Chinese restaurant; an invitation to a wedding that we're going to next Saturday; a letter from a friend we haven't seen for years/all our world is there for everyone to read!

The front door is seldom used in our house, only by strangers. All our friends use the back door which means they come straight into the kitchen and join in whatever is happening there. The kettle goes on immediately and then we all sit around the table, drinking tea and putting the world to rights! Without doubt some of the happiest times of my life have been spent in our kitchen.

"饮茶作为一种家庭习俗"图式可以从厨房餐桌上茶具的形象中得到体现，并且文本中也有提及，任何时候，主人和朋友都能在厨房里找到茶壶和茶。

从教材的插图中可以看出，厨房的餐桌上有一个茶壶、一些杯子、一壶牛奶和一盒饼干，这反映出英国的饮茶事件图式涉及牛奶、糖和饼干等其他物品。厨房里有茶具，表明喝茶是一种日常的家庭活动，吃早餐或招待朋友时都可能饮茶。此外，饮茶事件图式和厨房空间图式相互关联，进一步强化了饮茶图式是一种家庭惯例、一种日常仪式，鼓励家庭成员随时到厨房去喝茶。图片中还出现了放在炉子上的水壶，文本中将其描述为“马上就要开了”，给人一种随时可以饮茶的感觉。

厨房是一个私人的、亲密的空间。在厨房里敬茶是一种好客的表现，因为这相当于邀请客人分享自己的家庭生活，进入舒适、私人、亲密的区域。所有这些细节都体现了“饮茶作为一种家庭习俗”这一图式。

“饮茶作为一种强化联系的手段”和“饮茶以寻求安慰与平静”这两个图式体现在以下句子中：

> All our friends use the back door which means they come straight into the kitchen and join in whatever happening there. The kettle goes on immediately and then we all sit around the table, drinking tea and putting the world to rights.（我们所有的朋友都从后门进来，这意味着他们会直接进入厨房，参与到厨房里发生的任何事情中。水马上就开了，我们都围坐在桌子旁，喝着茶，谈论着如何使世界变得更好。）

这些句子描述了朋友之间的聚会，尤其是亲密的朋友，因为他们从厨房的后门进来。“亲密的朋友聚在家里的厨房中喝茶”进一步说明了饮茶的社交属性，即饮茶能增强亲密感，强化人与人之间的关系。

饮茶的作用在习语“putting the world to rights（谈论如何使世界变得更好）”中也有体现。一般来说，这个习语指的是人们围坐在茶几旁交谈，交换意见，讨论政治和社会问题。此外，“水马上就要开了”这一细节暗示马上要喝茶且进行“深入交谈”。这些文本表明饮茶这一文化概念化是一种社会活动，具有加强联系、让人感到舒适、使人冷静及提神等作用。

（5）对课本习题的元文化能力进行分析

元文化能力是“一种能够使对话者在跨文化交际过程中就其文化概念化

进行沟通和协商的能力”（Sharifian，2017：107），包含三个主要部分：概念变异意识、概念解释策略和概念协商策略。概念变异意识使说话者或学习者能够认识到不同语言群体中的各种文化概念化；概念解释策略和概念协商策略是对文化概念化的解释和协商，使对话者能够澄清概念及其背后的含义，从而在跨文化接触中实现相互理解。

英语教材中的文本和视觉资料包含对文化概念化的编码，但学生未必认识和了解这些文化概念化。因此，有必要提高学生对这些概念化的认识，在习题中促进课本中的文化概念化与学生的文化概念化之间的互动。

研究者以“饮茶”文化图式为例，对教材中的课后习题进行了元文化能力分析，见表 5-5。

表 5–5　课后习题的元文化能力分析

习题类型	培养学生元文化能力的评判标准	元文化能力目标
语言习题	语言习题的重点是句子、词汇和结构的重组。 评判标准： 1. 它们是否能提高学生去了解嵌入的特定文化概念化的外延和内涵的意识？ 2. 它们是否能激发学生对反映了文化图式的词语 / 表达 / 术语进行自我反思的能力？ 例如： •“茶”是什么意思？ •“茶”在你的文化中是什么意思？ •谈到饮茶，你会想到什么画面？它与教材文字和视觉资料中的描述是否符合？	提高学生对教材中文化概念化的认识，激发学生对文化概念化的思考。
内容习题	内容习题重在对信息的理解和对推理技能的锻炼。 评判标准： 1. 它们是否能检查学生对标题、主导内容和重复的细节中所揭示的某些文化图式的理解？ 2. 它们是否能检查学生对这些文化图式的推断？ 例如： •文中是如何描述饮茶的？ •饮茶是如何在文字和视觉资料中被概念化的？从文字和图片的哪些细节中能看出你的答案？或者从这些细节中，你能推断出饮茶的作用是什么？比如，为了友谊，为了解渴……你为什么这么想？	提高学生对教材中文化概念化的认识，促进他们对教材中文化概念化的理解和讨论。

续表

习题类型	培养学生元文化能力的评判标准	元文化能力目标
情感习题	情感习题强调学生对文本内容的个人回应，即学生如何将文本中的情况转化成他们自己的内容和评论，并强调学生的评价 / 观点。 评判标准： 1. 它们是否激活了学生对文中所描述的文化图式的个人反应？（他们觉得这令人惊讶 / 有趣吗？为什么或为什么不？） 2. 它们是否有助于学生将文本中描述的情景转移到自身情境中？ 3. 它们是否有助于学生对文中描述的图式发表个人观点？ 例如： • 你如何看待文字和视觉资料中描绘的饮茶活动？ • 这种活动有趣吗？与你知道的一样吗？…… • 如果你身处文本和视觉资料的饮茶场景中，你将如何参与？ • 你如何向来自不同文化背景的人解释你的饮茶习惯？	促进教材中的文化概念化与学生的文化概念化进行互动。
应用习题	以上三种习题类型都不涉及文化概念化，因此，研究者又提出了“应用习题”。它通过一些综合习题锻炼学生的元文化能力，以强化学生对文本本身及文本背后内容的理解。 评判标准： 1. 是否鼓励学生使用不同的策略（解释、要求解释或协商策略）来理解和协商不同的图式？ 例如： • 想象你邀请一位澳大利亚朋友到你家，用越南的饮茶图式饮茶，与他 / 她聊天，并向他 / 她解释越南的饮茶方式。 澳大利亚朋友：要求解释 你：解释	练习解释、要求解释或协商策略。

根据表 5-5 中提出的针对课后习题的 8 个评判标准，研究者对越南教材《英语 10》《英语 11》和《英语 12》，以及国际英语教材《新航线》的中级、中高级和高级教材中的 1462 项课后习题进行了检查。

研究发现，这些习题主要用于考查学生对语言意义的把握和对信息的理解，没有一道习题符合培养学生元文化能力的标准。例如，在《新航线》中级课本中，第 12 单元的文本与英国葬礼图式有关，却没有一道课后习题能引发学生对该事件的文化概念化的思考。

四、小结

本节介绍了国外文化语言学的一些常见研究方法，除此之外，还有共

时 / 历时概念分析法、焦点小组访谈法、田野调查分析法、参与观察法、会话分析法等。虽然方法众多，但其本质不过是分析工具和研究程序的组合。因此，在掌握了以上内容后，研究者不必墨守成规，可以根据自己的研究目的灵活组合这些分析工具与研究程序。

第二节　国内文化语言学研究方法综述

一、国内文化语言学的方法论和研究方法

从中国现代语言学史上首位自觉进行语言与文化研究的学者罗常培，到后来的文化语言学代表人物游汝杰、陈建民、申小龙、苏新春等，各位学者提出了多种文化语言学方法论及研究方法。为了更清晰地说明其内容及异同点，下面用表格的形式将前人提出的方法论和研究方法一一列出（详见表 5-6）。

表 5-6　国内文化语言学研究方法

序号	代表人物	研究方法	内容简介	评注
1	罗常培	语言学的古生物学分析方法	语言材料可用于考订文化因素的年代。语言就像文化一样，是由不同年代的各种因素组合而成的，因此，语言可用于考订文化因素，就像地层中的古生物可用于判断地质年代一样。 这种方法强调研究语言要与语言发展的各阶段和社会经济构成的各阶段联系起来。	出自罗常培（2004）《语言与文化》。 苏新春（2006：227）认为：①在文化语言学的奠基者那里，系统的研究方法尚未形成；②理论与方法之间尚未形成明确的“界域”，二是总是纠合在一起。
2	游汝杰	交叉学科研究法	即把别的多种人文学科引进文化语言学研究。	出自游汝杰（1993）《中国文化语言学引论》。 苏新春（2006:228）认为，游汝杰的论述主要体现在“方法论”上，而不是具体的操作方法上。
		阐释法	指对语言结构、语言现象进行分析、说明，把隐匿、依附、蕴含于其中的社会、历史、民俗、观念、道德、思维、物质、自然等文化因素及文化意义揭示出来。	

续表

<table>
<tr><th>序号</th><th>代表人物</th><th>研究方法</th><th>内容简介</th><th>评注</th></tr>
<tr><td rowspan="4">3</td><td rowspan="4">陈建民</td><td>对比法</td><td>即对比研究。</td><td rowspan="4">出自陈建民（1987）《文化语言学说略》。
苏新春（2006:229）认为，除对比法外，其他三种研究方法都属于阐释法。“投影法”是联系语言所依存的文化背景、社会背景来分析；“文化结构分析法”可以看作对语言纯形式研究的一种反拨，“文化心理分析法”是联系语言使用者心理、情感、观念、态度等因素的方法。</td></tr>
<tr><td>投影法</td><td>所谓投影，指社会的动荡和制度的变革会反映到语言和言语活动中来，语言文字是古今社会生活的投影。</td></tr>
<tr><td>文化结构分析法</td><td>指在研究中注入文化学的血液，使它不同于单纯的语言结构分析。</td></tr>
<tr><td>文化心理分析法</td><td>从语言的交际功能出发，语言中有意义，也有表态成分（说话者的情感和态度）。</td></tr>
<tr><td rowspan="6">4</td><td rowspan="6">申小龙</td><td>文化镜像法</td><td>语言是社会的一面镜子。语言的研究应该为人类社会及其发展的研究提供真实而深刻的“镜像”。
1）汉字是汉民族文化历史的镜像；
2）外来词汇是中外文化交流的镜像；
3）社会用语是社会、时代的镜像；
4）民俗用语是风俗、文化的镜像；
5）姓名是社会文化、历史的镜像。</td><td rowspan="6">出自申小龙（1990）《中国文化语言学》。
苏新春（2006:232）认为，申小龙提出的这8种方法，是对其最初的“文化认同”与“文化参照”二分法的否定。
申小龙非常重视研究方法。其所著《中国文化语言学》全书共35万字，其中约有一半的篇幅都在叙述研究方法。然而在对研究方法的叙述中，大部分篇幅都在阐释“为什么”而不是“如何”使用这些方法。</td></tr>
<tr><td>文化参照法</td><td>语言与文化的研究互为参照，应把中国的语言材料和中国文化史上的种种问题结合起来，探索语言与文化史的内在联系。</td></tr>
<tr><td>常态分析法</td><td>指即使观察到了某种现象，也要去考察这种现象是不是常态。</td></tr>
<tr><td>多元解析法</td><td>借鉴转换生成语言学的分析模式，对语言进行多元解析。</td></tr>
<tr><td>心理分析法</td><td>对语言结构的分析必须具有心理现实性，必须代表说话人真实的心理活动过程。
检验一种语言分析是否正确，也须看它是否适合使用该语言的民族的语言认知心理。</td></tr>
<tr><td>异文化范畴借鉴法</td><td>善于借鉴外族文化、语言的分析范畴，使之为汉语研究传统所吸收，化为汉语分析的独特方法论。</td></tr>
</table>

续表

序号	代表人物	研究方法	内容简介	评注
		“从抽象上升到具体”的方法	除了研究抽象的原则之外，还要回归到具体的语言现象本身。	
		传统阐释法	指对语言结构、语言现象进行分析、说明，把隐匿、依附、蕴含于其中的社会、历史、民俗、观念、道德、思维、物质、自然等文化因素及文化意义揭示出来。	
5	邢福义	实地参与考察法	又称“田野调查法”或“实地研究法”。	出自邢福义（1990）《文化语言学》。 苏新春（2006：234）认为，邢福义的研究方法明显受到文化人类学理论的影响。 “实地参与考察法”实际上是获取语料或资料的手段，而不是语言或文化分析的方法。“共层背景比较法”的本质就是比较法。将文化作为语言研究的原因进行探查本就是文化语言学研究的题中应有之义。
		共层背景比较法	共层背景比较的对象可以是同一语言的不同历史阶段，也可以是不同语言或不同亚语言的同一历史阶段。	
		整合外因分析法	包括两部分：一是整合论，二是外因分析。 “整合论”是把一个文化要素或子系统看作整体中的部分，从而探求部分与部分之间的联系的方法。 文化语言学的研究不是着力于研究语言的内容矛盾，而是致力于从语言的外部探求原因，即“外因分析”。	
6	戴昭铭	文化符号解析法	语言中的文化符号对于民族文化的建构和传承具有至关重要的作用。 文化语言学要认识语言中文化符号的功能，就要解析文化符号，揭示它们的内涵，同时广泛搜集有关语言材料并进行分类整理，描写并解释在一定文化思想影响下产生的这些语言材料中包含的意义体系。	出自戴昭铭（1996）《文化语言学导论》。 苏新春（2006:236）认为，戴昭铭的5种研究方法从可操作性、程序性的要求来看，与属于“具体方法”的“术”之间还有一段不小的距离。
		文化思维认同法	结合对民族文化的思维方式来分析和认识本民族的语言结构。	
		文化背景考察法	考察造成语言和方言宏观演变的社会文化原因。	
		文化差异比较法	研究不同民族的语言在结构上和使用上的差异，以揭示产生差异的文化根源。	
		文化心理揭示法	对语言的结构和语言的使用中所隐含的心理机制进行分析和揭示。	

续表

序号	代表人物	研究方法	内容简介	评注
7	苏新春	文化参照法	文化参照法是把语言与文化比较、对照起来进行研究的方法。参照就是比较，属于比较法的范畴。	出自苏新春（2006）《文化语言学教程》。 苏新春提出的3种研究方法是对前人方法的归纳与总结。 苏新春（2006）认为，“文化参照法”是中国文化语言学最基本的研究方法，阐释是文化语言学最重要的特质，申小龙提出的“常态分析法”实际就是描写法。
		阐释法	指对语言结构、语言现象进行分析、说明，把隐匿、依附、蕴含于其中的社会、历史、民俗、观念、道德、思维、物质、自然等文化因素及文化意义揭示出来。	
		描写法	描写法是指对语言现象要有细致的、全面的了解，最好在细致把握语言现象的基础上，再做出量的说明。 定量分析法是语言描写方法中的极致表现，能够更好地从量上把握语言的存在状况、规律与特点。	
8	张公瑾 丁石庆	混沌学	混沌学是一门以直观、整体为基点来研究混沌状态和混沌运动的复杂规则性的学问。 语言现象与各种文化因素互相纠缠，其中存在许多动态的、不稳定的、随机性的因素。因此要以混沌学为基础，分析语言体系演变的复杂性，对语言的演化及语言各种构件的变化的随机性做出合理的解释。	出自张公瑾、丁石庆（2004）《文化语言学教程》。 该书用一节的篇幅列举了语言的混沌学研究实例。书中说明语言系统存在非线性现象、无序现象、随机性现象等，但只相当于举例说明了为什么要以混沌学为方法论，仍难以称得上是具体的研究方法。

二、对已有方法论及研究方法的思考

宋永培、端木黎明（1993）《中国文化语言学辞典》中收集了来自不同论著的研究方法，共39种，列举如下：

（1）从语词的语源和变迁看过去文化的遗迹

（2）从造词心理看民族的文化程度

（3）从借字看文化的接触

（4）从地名看民族迁徙的踪迹

（5）从姓氏和别号看民族来源和宗教信仰

（6）从亲属称谓看婚姻制度

（7）由古代民族及其迁徙考察语言形成及变异

（8）从方言考察地方文化风貌

（9）原始共同文化拟测

（10）历史地理分析法

（11）语言学的古生物学分析方法

（12）汉语语源研究的文化学方法

（13）辨析古汉语词义的“合—分—合”方法

（14）汉字研究的两种方法

（15）汉字文化学的方法

（16）参照语言轨迹探求文献年代

（17）古史徵音法

（18）姓名、山川、地名徵音法

（19）方言与戏曲研究

（20）中国文化语言学方法论的人文主义选择

（21）汉语传统语言研究方法的人文性

（22）文化镜像法

（23）文化参照法

（24）语言与文学的互为参照

（25）常态分析法

（26）多元解析法

（27）心理分析法

（28）异文化范畴借鉴法

（29）“从抽象上升到具体”的方法

（30）传统阐释法

（31）中国文化语言学方法论的三个层次

（32）文化结构分析法

（33）投影法

（34）对比法

（35）文化心理分析法

（36）实地参与考察法

（37）共层背景比较法

（38）整合外因分析法

（39）宏观研究

由此可以看出中国文化语言学研究方法众多，那么，在公开发表的有关文化语言学研究的期刊论文中，最受青睐的研究方法是哪些呢？

为探索此问题的答案，我们在中国知网上利用高级检索功能，以“文化语言学”为主题词进行检索，期刊来源限定为“北大核心”和“CSSCI”，文献刊发时间不限。截至 2022 年 8 月 29 日，共检索出期刊论文 171 篇。去除理论探讨、利用国外文化语言学理论所做研究、书评等文献，仅保留中国文化语言学中对具体内容的研究，共筛选出文献 25 篇。

25 篇文献中仅有 2 篇使用了“基于语料库”的研究方法，其余文献均未直接说明使用了何种研究方法，也未介绍研究过程。值得注意的是，申小龙、游汝杰、邢福义等中国文化语言学代表人物提出的研究方法，在这些高水平研究论文中均难觅踪迹。概括起来，只能说这些研究大多使用了文化参照法。

正如前文所述，文化参照法是把语言与文化对照起来进行研究的方法。苏新春（2006：242）认为，“文化参照法”是中国文化语言学最基本的研究方法。这种观点无疑是正确的，因为文化语言学的研究至少要包括“语言”与“文化”两个要素，缺少任何一个，就不再属于文化语言学研究。然而，同时具备“语言”和“文化”这两个互相参照的要素，更像是文化语言学研究的必备属性，或者说必要前提，而非一种具体的研究方法。

在上文所列39种方法中，“（1）从语词的语源和变迁看过去文化的遗迹”“（2）从造词心理看民族的文化程度”“（3）从借字看文化的接触”“（4）从地名看民族迁徙的踪迹”“（5）从姓氏和别号看民族来源和宗教信仰”“（6）从亲属称谓看婚姻制度”，其实都属于从不同的语言要素来观察文化现象的研究类型（苏新春，2006：239）；此外，“（36）实地参与考察法”等方法也不能算作文化语言学独有的研究方法。

为了更清楚地分析现有的中国文化语言学研究方法，我们将《中国文化语言学辞典》中所列39种研究方法重新分类如下，见表5-7：

表5–7 国内文化语言学研究方法重新分类

分类	方法名称	评注
方法论	（14）汉字研究的两种方法（参照书面语言，结合对古代历史和社会生活的研究，对文字的形、音、义进行综合研究）	这类方法更偏重于指导整个文化语言学的研究，可看作是进行文化语言学研究的指导思想。因此，它们不是具体的研究方法，而是“方法论”。
	（15）汉字文化学的方法（系统地而非零碎地考察汉字与中国文化的关系）	
	（20）中国文化语言学方法论的人文主义选择	
	（21）汉语传统语言研究方法的人文性	
	（22）文化镜像法	
	（23）文化参照法	
	（26）多元解析法	
	（27）心理分析法	
	（28）异文化范畴借鉴法	
	（29）“从抽象上升到具体”的方法	
	（31）中国文化语言学方法论的三个层次（申小龙将他的8种方法划归为三个层次）	
	（32）文化结构分析法（在语言分析中注入文化学血液）	
	（33）投影法（用语言印证古今社会生活）	
	（35）文化心理分析法（语言反映人的文化心理）	

续表

<table>
<tr><th>分类</th><th>方法名称</th><th>评注</th></tr>
<tr><td rowspan="2"></td><td>（38）整合外因分析法（从语言之外去寻找原因）</td><td rowspan="2"></td></tr>
<tr><td>（39）宏观研究（跳出小学科的框架，扩大学科视野，采用宏观研究的方法）</td></tr>
<tr><td rowspan="15">文化语言学的研究领域</td><td>（1）从语词的语源和变迁看过去文化的遗迹</td><td rowspan="15">这类研究仅涉及文化的不同领域或要素。但文化要素是无穷无尽的，如果每涉及一种要素都要归纳成一种方法，那将会出现成百上千种方法。因此，不应将这些研究归类为所谓的“研究方法”，而应将其归类为“文化语言学的研究领域”。</td></tr>
<tr><td>（2）从造词心理看民族的文化程度</td></tr>
<tr><td>（3）从借字看文化的接触</td></tr>
<tr><td>（4）从地名看民族迁徙的踪迹</td></tr>
<tr><td>（5）从姓氏和别号看民族来源和宗教信仰</td></tr>
<tr><td>（6）从亲属称谓看婚姻制度</td></tr>
<tr><td>（7）由古代民族及其迁徙考察语言形成及变异</td></tr>
<tr><td>（8）从方言考察地方文化风貌</td></tr>
<tr><td>（10）历史地理分析法（将方言划分与历史上的行政区划研究相结合）</td></tr>
<tr><td>（11）语言学的古生物学分析方法</td></tr>
<tr><td>（16）参照语言轨迹探求文献年代</td></tr>
<tr><td>（18）姓名、山川、地名徵音法（将字音研究与历史地域、文化背景联系起来，以考察古代的语音或方言）</td></tr>
<tr><td>（19）方言与戏曲研究</td></tr>
<tr><td>（24）语言与文学的互为参照（文学属于文化的一个领域）</td></tr>
<tr style="display:none"><td></td></tr>
<tr><td rowspan="6">通用研究方法</td><td>（9）原始共同文化拟测（对比法的一种）</td><td rowspan="6">这类方法并非独属于中国文化语言学，而是各学科（尤其是人文学科）通用的研究方法。</td></tr>
<tr><td>（12）汉语语源研究的文化学方法（文献研究法的一种）</td></tr>
<tr><td>（13）辨析古汉语词义的“合—分—合”方法（主要借助古文献，属文献研究法的一种）</td></tr>
<tr><td>（17）古史徵音法（在古音研究中引进古史研究，属文献研究法的一种）</td></tr>
<tr><td>（25）常态分析法（定量分析法）</td></tr>
<tr><td>（30）传统阐释法</td></tr>
</table>

续表

分类	方法名称	评注
	（34）对比法	
	（36）实地参与考察法	
	（37）共层背景比较法（对比法）	

从对研究方法的重新归纳整理中不难看出，目前中国文化语言学在研究方法上尚存在三个问题。

一是“道”的繁多。不同学者提出了多种多样的方法论，这虽然丰富了中国文化语言学的理论架构，但也不可避免地给后来者一种无所适从之感。正如苏新春（2006：238）所说，目前中国文化语言学的方法论还处于“各自探索、彼此立论、分散用力、尚待统一”的阶段。

二是“术”的缺乏。在研究方法的重新分类中，真正可称得上具体研究方法的也只是一些通用的研究方法。从以往的研究领域和研究方法上看，中国文化语言学主要以研究汉语的音、字与词为主，极少见到对篇章的研究。这说明中国文化语言学尚缺乏较为统一的或具有本学科特色的分析工具及研究程序。分析工具的缺乏主要体现在两方面：一方面是缺乏分析语言的工具，尤其是缺乏对篇章的分析工具，这也是现有研究极少涉及篇章分析的原因；另一方面是缺乏分析文化的工具，现有研究对文化的研究要么来自文献，要么来自研究者自己的总结，极少见到对文化的深入剖析。

三是研究者对研究方法的轻视。当我们将国外与国内的文化语言学研究放在一起对比时，很容易发现这样一种现象：国内相关研究通常找不到“研究方法与过程”这一论文的重要组成部分。即使是发表在北大核心期刊和CSSCI上的高质量论文，也较少能见到研究者是如何收集、处理及分析语料的，同样也难以见到研究者对研究方法的介绍和引用。许多研究都是先陈述结论，再给出例证，这样的研究方法最多只能归入文化参照法。但正如前文所讨论的，文化参照法应该是进行文化语言学研究的指导原则，而不是一种具体的研究方法。因此，这些研究实难称得上使用了什么方法。这种状况所带来的危害是显而易见的。危害之一在于研究的不可复制性，因为这类研究主要依靠研究者个人的学术造诣，没有什么研究程序可以遵循，不同的研究者面对相似的研究主题很可能会得出不同的结论；危害之二是降低了研究的可信度，没有分析，只有例证和阐释，难免给人一种“自说自话”之感。

三、如何改进中国文化语言学的研究方法

关于中国文化语言学的研究方法，苏新春（2006：240）认为：在文化语言学的研究方法这一问题上，首先要解决的是“方法论”，而不是具体的“术”；它不是没有自己的“术”，而是可以大量地运用相关学科的已有知识与方法；它也不是不需要自己的“术”，而是要把自己的目标建立在探求语言与文化之间基本规律的基础上。

作为一门学科的中国文化语言学建立已近40年。现在的文化语言学不是没有方法论，而是方法论众多，令人无所适从。且到目前为止，中国文化语言学还未能建立一套自己的“术”，这种状况已经极大地影响了学科的建设与发展。在中国的文化语言学刚刚建立时，申小龙（1988：41）曾对它寄予厚望：“总之，对汉语人文性的肯定与中国文化语言学的建立，是我国语言学在质态上由描写型走向人文型的历史转折。它展示了二十世纪中国语言学经过近一个世纪的求索，在更高层次上再现汉语学人文主义传统，从而走向二十一世纪的宏伟前景。”

今天的中国文化语言学研究是否如申小龙所期待的那样繁荣“宏伟”呢？我们将“文化语言学”与其他一些常见的语言学分支进行了研究成果数量的简单比较，具体情况见表5-8：

表 5–8　常见语言学分支研究成果数量统计[①]

语言学分支	学术期刊论文数量（篇）	硕博学位论文数量（篇）
文化语言学	601	419
功能语言学	3992	1297
社会语言学	3995	1529
认知语言学	7293	2732
心理语言学	2010	317

表 5-8 中的“文化语言学”数据里还包含了对国外文化语言学的研究，所以属于中国文化语言学的研究在实际数量上还要更少一些。不难看出，与其他语言学分支相比，中国文化语言学研究数量极少，远远谈不上繁荣。当然，造成这一现象的原因有很多，但缺乏必要的“术”是其中非常重要的原因之一。因为“‘理论’‘材料’，‘方法’三部分各自成型，互成支撑之势，是一门成熟学问的基本形态”，“‘方法’是被用来解决理论的来源、推广、延伸的问题”（苏新春，2006：227）。缺乏研究方法的支撑，中国文化语言学如何进行“推广”与“延伸”?

为实现中国文化语言学的繁荣发展，必须解决该学科目前在研究方法上存在的问题。我们可以从以下三个方面同时着手：一是统一目前纷繁复杂的方法论；二是从其他学科借来分析工具；三是研究者自觉提升对研究方法的重视程度。

1.“一体四翼”的方法论

要解决中国文化语言学研究方法上的问题，首先就要统一方法论。马克思主义哲学告诉我们，多中心就是无中心。作为“方法的方法”，方法论过

---

① 数据来源：中国知网（https://cnki.net/）；数据获取时间：2022 年 9 月 3 日；检索方式：在中国知网高级检索功能中，直接将各语言学分支的名称作为主题词进行检索，发表时间不限，文献来源不限。

多只能让人无所适从，只有统一了方法论，才能发展出适当且完备的方法。结合前人的研究成果，我们提出中国文化语言学“一体四翼”的方法论，即中国的文化语言学研究应以文化参照为基本原则，整合外因分析，重视文献研究，以对语言资料的分析为基础，进行文化上的分析与阐释。

“以文化参照为基本原则”就是“一体四翼”中的“一体”。既然“语言”与“文化”是进行文化语言学研究的两个必要因素，那么在语言研究中加入文化参照就是文化语言学研究的题中应有之义，也是必备条件。

“整合外因分析”“重视文献研究”“以语料分析为基础”和“进行文化上的分析与阐释”是方法论的“四翼”。

“整合外因分析”是说，文化语言学研究既不是单纯的语言研究，也不是单纯的文化研究，它不从语言内部探寻语言现象的成因，也不从文化内部探寻文化现象的成因，而是从语言的外部（即文化）寻求对语言的解释，从文化的外部（即语言）寻求对文化的解释。

“重视文献研究”是说，中国文化语言学的研究要借鉴并吸取古文献及前人的研究成果，使自己的研究与前人的研究能够融为一体，逐渐形成一个研究整体。

进行文化语言学研究少不了分析语言，分析语言当然要“以语料分析为基础”。语料分析既可以是定量的，也可以是定性的，更可以是定量与定性相结合的。但缺少语料分析的研究显然是不完整的，更是缺乏说服力的，因此，中国文化语言学研究不能离开对语料的分析。

“进行文化上的分析与阐释”是说，中国文化语言学的研究还要对“文化”进行分析与阐释。国内不少文化语言学研究往往对“语言”要素进行了大量的分析与阐释，却对“文化”要素一笔带过。申小龙（1990：355）认为，“不同民族按不同的语言心理设计了不同的句子格局”，汉民族就按自己的语言心理设计了“散点式”的句子格局。他在研究中以大量的数据和例证说明了汉语“散点式”的句子格局，但却没能解释清楚汉民族“散点式”的语言心理，以及这样的语言心理是以何种过程作用于汉语句式的。类似的研究在中国文化语言学研究中还有很多，它们的共同特点是将"语言"作为研究中的"主菜"，将"文化"当成"副菜"，甚至是"配菜"。这样的研究更像是披了"文化"外衣的"语言学"研究，而不是"文化语言学"研究。中国的文化语言学研究应该是"语言"与"文化"并重的，既要分析阐释"语言"，又要分析阐释"文化"。

2. 寻找合适的分析工具

要解决中国文化语言学研究方法上的问题，还要有合适的分析工具。文化语言学研究无外乎对"语言"和"文化"这两个要素的分析，而当前中国的文化语言学研究不仅缺乏分析"语言"的工具，更缺乏分析"文化"的工具。

由于缺乏必要的语言分析工具，以往的中国文化语言学更偏重对音、字、词的研究，对篇章的研究较少。针对这一现实，今后有必要将语篇分析工具引入中国文化语言学。

语篇分析研究发展至今，已经出现了相当多的理论与分析工具，如社会学的会话分析、哲学流派的言语行为理论和语用学、结构功能学派的系统功能语言学、心理学的认知分析等。其中，会话分析、系统功能语言学等理论非常适合用作中国文化语言学的语言分析工具。

会话分析（Conversation / Conversational Analysis，简称 CA）尤其适合用来分析自然发生的、口头的、两人或两人以上参与的、真实的互动交际材料（杜金榜，2013：14），可以用来弥补中国文化语言学缺少分析口语和会话工具的缺陷。会话分析包括两个层次：第一层是分析会话的互动模式（patterns of interaction）及会话的序列结构（sequential structures），第二层是通过普通的、日常的社会行为和活动去分析隐藏于其中的社会组织结构（Heath & Luff，1993：306）。社会组织结构无疑是文化的组成部分，可见，会话分析契合文化语言学的研究目的。此外，会话分析提供了丰富多样的分析工具，如话段（sequence）、话轮转换（turn-taking in conversation）、毗邻对（adjacency pairs）等。

由韩礼德（M. A. K. Halliday）创立的系统功能语言学本身就是服务于语篇分析的。它应用范围广泛，涉及口语语篇和书面语语篇、文体学、计算语言学、语言发展和社会化研究；语言的功能变异；语言与情景语境及文化语境之间的关系；语言在教育中的应用等（韩礼德，2000：F19）。将系统功能语法引入中国文化语言学分析，将会为语言分析提供非常丰富的工具，包括及物性分析（transitivity）、主位（theme）与述位（rheme）、语气（mood）、情态（modality）、小句（clause）与小句复合体（clause complex）、语法隐喻（grammatical metaphor）、评价系统（appraisal）、衔接（cohesion）与连贯（coherence）分析等。

中国文化语言学界应用系统功能语法分析语言的研究较少，但高一虹（2000）在《语言文化差异的认识与超越》第三章中给出过一个典型的研究案例，很好地说明了系统功能语法在文化语言学研究中的适用性。下面就以这个研究为案例，解读系统功能语法如何应用于文化语言学分析。

语篇文化差异研究

第一步：数据收集

“语篇”或“话语”（discourse）一般用来指文章、会话、面谈等比句子更大的语言单位。语篇的形成和样式表现了意义交流时的社会语境，语篇的特征与文化的许多特征有着密切的联系。

研究数据来自两篇英语作文，作者都是以英语为第二语言的学生，但具有不同的文化背景。

两篇文章的题目都是《回忆 ×× 中学》，而且都是在一小时内完成的英语作业。文章的作者都是美国移民，其中一位叫“奥斯瓦尔多”（Osvaldo），是个不到 20 岁的拉美青年，母语为西班牙语，在美国已居住三年。他的作文是在美国中学上学时的最后一堂英语课上写的。另一位学生叫“周某”，是一个20多岁的中国青年，在美国某社区学院（community college）补习英语。他的英语主要是在家乡北京学的，其作文是移民美国三个月后写的。

第二步：语篇分析

（1）话语方式分析

①长度分析

两篇作文一长一短，均是在50分钟内完成的。

奥的作文：511个词、85个小句（clause）。

周的作文：245个词、26个小句。

②更正分析

奥的作文：卷面整洁干净，每个字都有宽松的空间，可是文中的语言错误不胜枚举。除拼写错误外，文中还有许多语法错误。但作者对拼写错误的更正较多，说明作者好像更关心内容的表达。总体来说，文中的语言错误没有妨碍交际意图的传递。

周的作文：卷面拥挤杂乱，布满了大大小小的更正“补丁”，但语言形式基本正确，所进行的更正也大多与语法有关。文中共有更正22处，其中10处（45.5%）是语法方面的，包括2处动词与名词的搭配，还有3处时态和2处介词搭配。周有着很强的语法意识，这使得他在写作过程中过于拘谨，在相当程度上影响了交流。从文章有限的长度以及缺少“结尾”的语篇结构中，可以看出他在内容表达上的力不从心；从不断被书写、涂改、更正的语言符号中，读者也难以流畅地阅读，需付出一定努力才能领会作者要表达的思想。

两人作文的更正类别及频率见表5-9：

表5-9　奥文与周文更正情况统计

统计项	奥文	周文
总字数	511	245
更正总次数	8	22

续表

统计项	奥文	周文
语法	0	10
避免重复	0	2
内容改动	1	6
拼写	6	2
其他	1	2

③主位分析

功能语法学中将小句分为“主位”（theme）和“述位”（rheme）两部分。主位是话语的出发点，在句子的开头；述位是围绕主位所说的话，在主位后面。主位又分为“单项主位”“复项主位”和“句项主位”三类。单项主位即句子的“主题主位”，是概念成分；复项主位除了概念成分之外，还可以有“人际成分”（如称呼）以及“语篇成分”（如“well、oh、now”等“连续成分”）和“therefore、in other words”等“连接成分”；句项主位则由整个小句充当主位。

两人作文中的主位类型和频率如表 5-10 所示：

表 5–10　奥文与周文主位类型统计[①]

统计项	奥文	周文
小句总数	85	26
单项主位	18（21.18%）	21（80.77%）
复项主位	60（70.59%）	4（15.38%）
连接成分 + 主题主位	51	4
连续成分 + 主题主位	6	0
称呼成分 + 主题主位	3	0

① 表中奥文与周文的单项主位与复项主位之和不等于小句总数，系原文中的统计错误。

两篇文章的主位类型均限于单项主位和复项主位，结构较为复杂的句项主位未出现。

奥的作文：大部分小句是复项主位，其中采用“连接成分 + 主题主位”的情况占大多数，且三分之二是以“and”连接。例如：

> and Later come to school another new boy call Jose and he like to hang arround and make noice in the class room / and we start together to botter teacher / and we has suspended / because we botter Mr. S / and he call mrs. K / and by that time she dosen't like me to much / and she kik me out for one week。（示例中的拼写错误系学生作文原文，下同）

根据韩礼德对连接成分的解释，这些“and”在结构上和逻辑上都并非必不可少，在结构上甚至并不合适。在“正常的”写作中，人们一般会用标点符号或大写取而代之，只有在无法使用书面符号的口语交际中，才会出现大量的“and”。在奥文中，这些“and”所起的作用相当于小句标记，标志着新小句的开始，也就是说，奥斯瓦尔多用更适合口语的符号代替了书面符号。

奥文主位的另一特点是对连续成分“well”的使用。这一形式在奥文中共出现了 6 次。经仔细观察，奥文中每一个“well”所标志的不仅是新的小句，而且还是整个语篇层面的新主题。

第一个“well”引出全文的“主题句”:“Well I'm going to talk about the L High School and friends, teachers, etc.”；第二个“well”引出“追随坏朋友”的后果:“well them（then）was almost finish school and It was late for me to study and I stay back and my others friend pass to the other grade”；等等。

“well”在奥文中所起的作用，实际上是“正常”书写语篇中的段落切分标志。

周的作文：大部分小句是单项主位，连续成分“well”一次都没有出现，多采用分段、段首空格、标点、大小写等常规书写手段。

总体而言，周文是谨慎的写作，奥文更像是随便的谈话。

（2）话语基调分析

①目标读者分析

无论作者是否意识到，任何语篇都有预先设定的读者或读者群，因而写作也可以看成是作者与目标读者之间的“对话”。

奥的作文：存在着明显的目标读者转换。文章的前半部分描述作者本人与多位朋友和老师的交往，这一部分并没有特殊的标记说明文章是写给谁看的，目标读者是不明确的“他们”或“他/她”。文中谈及四位老师，其中最后一位“Mrs M”是作文的直接批阅者。作者第一次谈到这位M女士时，使用的是第三人称：“I have her in 9th grade and 10th grade and she is a nice person.”接着，在文章的后半部分，作者和读者从有距离的“我—她”关系转为亲近的“我—你”关系，作者对读者直接使用了称呼语和第二人称代词：“Mrs m I hope you like my composition.”此时，M女士成为语篇唯一的目标读者。

周的作文：没有第二人称代词，没有明确的特指读者；文中的主题也多是一般性的，不涉及个人隐私。其目标读者似乎并不是可触及的“人”，而是一个与作者有着相当距离的群体或机构。

②话语策略分析

奥的作文：前一部分是开放的一般性叙述，以陌生人为目标读者；后一部分是个人信函，以特定的熟人为目标读者。两部分之间的转折并不突兀。

周的作文：语篇类型和文体风格自始至终都是叙述性的。

③语言功能分析

奥的作文：采用了多种不同的语言功能，或称“言语行为”。这些功能不仅包括叙事和观点的陈述，而且还有称赞（she is a nice person...a—understand person she understand the problems we have）、请求（I think tha she going to pass me）、说理（because I do all my work and respect her as my teache）、致歉（for give get me If I said something bad）、告别（by, by）等。

这些功能大多“对话性”强，对对方的反馈有直接、明确的期待。

周的作文：基本都是事实陈述，对目标读者的直接反馈并无明确的期待。

总体而言，周某与读者的关系是一般性的、非个人化的；奥斯瓦尔多与读者的关系则经历了明显的转变——从一般到个别，再到很亲密的个人关系。中国学生周某自始至终试图与读者或评判者保持一种正式的、敬而远之的距离。

（3）话语范围分析

①主题选择分析

作文的题目《回忆 ×× 中学》给作者留下了较大的内容选择空间。奥斯瓦尔多和周某选择了学习、教师、同学这样一些共同的主题，但是承载这些内容的框架却不尽相同。

奥的作文：两个突出的主题是“与人交往”（meeting people）和“通过考试”（passing exams）。

周的作文：按“德”“智”“体”的顺序组织内容。而道德、智力和体育也是中国教育（特别是基础教育）评价学生的三个标准（德、智、体全面发展的学生会被评为“三好学生”）。从内容长度比例看，“体育”是作者最乐于谈论的话题。

②及物过程分析

在韩礼德的功能语法中，英语的“及物性”（transitivity）是表示概念功能的语义系统。它将人们在现实世界中的所见所闻、所作所为分成若干种“过程”（process），并指明与各种过程有关的“参与者”（participant）和“环境成分”（circumstantial element）。在句子中，这些过程一般由动词来实现。英语的及物过程有以下六种：

- 物质过程，表示做某件事；
- 心理过程，表示感觉、反应、认知等心理活动；
- 关系过程，反映事物之间处于何种关系；
- 行为过程，表示生理活动；

• 言语过程，表示通过讲话交流信息；

• 存在过程，表示有某物存在。

每一种过程都有相应的参与者和环境成分。用更通俗、更传统的话来说，每一类动词与哪些其他成分组合搭配有其固定的规律。例如，物质过程的参与者有“动作者”（逻辑上的主语），以及动作的“目标”（逻辑上的直接宾语）。

两篇作文的过程类别及频率如表 5-11 所示：

表 5–11　奥文与周文及物性分析统计

统计项	奥文	周文
过程总数	93	30
物质过程	42（45.16%）	15（50.00%）
关系过程	25（26.88%）	10（33.33%）
心理过程	15（16.13%）	2（6.67%）
言语过程	6（6.45%）	1（3.33%）
行为过程	3（3.23%）	1（3.33%）
存在过程	2（2.15%）	1（3.33%）

周文中的及物过程主要有两个——物质过程、关系过程；奥文中则主要有三个——物质过程、关系过程、心理过程。也就是说，心理过程对奥斯瓦尔多来说相当重要，对周来说则并不重要。

A. 心理过程使用上的差异

奥的作文：“喜欢”所带的宾语多是“人”，或“人之所有”；其他心理过程也多与人有关。

周的作文：两个心理过程都是“喜欢”，其宾语都是表示体育爱好的不定式短语。

从心理过程的使用差异来看，周某喜欢运动，奥斯瓦尔多则喜欢人。

B. 关系过程使用上的差异

此过程在两文中都很重要，但使用情况不同。

奥的作文：16 个“be”动词构成的关系过程中，有 7 个与评价他人相关，其属性（attributive）多为“nice”或其同义词。奥文的主要关系对象是他人，他会更多地评价和定义外界的人和事。

周的作文：在 6 个“be”动词构成的关系过程中，有 3 个与分数相关，1 个与自己的身体相关，2 个与评价他人相关。周文关系过程的主要关系对象是他本人，主要表现为被外界评价所定义的自我。

C. 物质过程使用上的差异

奥的作文：物质过程中使用最频繁的是“pass”（6 次）和“meet”（5 次），多与“通过考试”和“与人交往”相关。他的“通过”或“通不过”主要取决于两点：一是他能否拒绝“坏”朋友的诱惑，专心学业；二是他能否遇到“好”的老师。学校对于奥斯瓦尔多的意义也正在于此：通过考试（通向社会阶梯的大门）、结交人（作为“守门者”的老师、可能成为“入门”障碍或扶持者的朋友）。

在奥的物质过程中，“我”经历了从被动到主动的变化。在对第一年学校生活的描述中，共出现了 5 个物质过程，包括“stay back、losse（lose）”和“make the same he do”。这些过程中的“我”要么是“中动”的（传统上称为“不及物”），不与其他参与者发生关系；要么在发生关系时处于被动地位，受其他参与者的控制（She kik me out）。在描述第二年的学校生活时，这种被动性让位于一个强大起来的、主动的“我”，这个主动的“我”“吸取”（lean）了教训，“通过”（pass）了考试。到了第三年，“我”对于环境和命运有了更多的控制能力，“做”（do）了自己该做的事情，所以不但“通过”（pass）了考试，而且还“得到”（gette）了自己喜爱的女孩。物质过程涉及的参与者逐渐增加，“我”作为主动的“动作者”（actor）的位置不断巩固。与此同时，读者看到了一个不断成长起来、强大起来的自我。

周的作文：周文中的物质过程可分为三类。

第一类，其“目标”和表示涉及面的“范围”都与运动有关。

第二类涉及服务，其动作者是“我”，受益者是一个群体或群体的领导者。

第三类涉及一些一般性活动，动作者是“我们”，如“We usually took a trip in Spring and Autumn.”一段中，“我们”作为动作者出现了5次，占所有物质过程动作者的三分之一。

从及物过程参与者的关系来看，周文中的自我形象是停滞的。在第一段中，“我”为班级“服务”（served the class），为老师“擦黑板”（erased blackboard for my teachers），而老师为“我”“解决问题”（solved my problems）。在最后一段，“我”消失在“我们”之中，整篇文章结束于老师以道德课“教导我们”（told us）。周文的物质过程揭示了中学生活对作者来说意味着什么：参加运动会（体）、参加考试以“增强记忆”（智），以及为老师、班集体“服务”（德）。第一件是“喜欢”做的事，第二件是“不得不”做的事，第三件是引以为荣的事。

通过语言分析，我们发现两位作者的作文有着鲜明的差异，如表5-12所示：

表 5–12　奥文与周文语言运用差异分析

奥文	周文
通过运用多种语言功能、话语策略和及物过程，表现出一个自主、成长、积极的自我。	通过大量使用“我们”，将“我”置于老师和集体之下，展示出一个合作、温顺、被动的自我。
试图与阅卷老师建立亲近的关系，并自由地展示自己的行为和情感。	与读者保持距离，局限在一般层面对学校活动进行描述。
对语法规则缺乏知识或不予注意，像说话一样写作。	尽管常常使用一些“中国式英语”表达法，但对语法的正确性极为敏感。
多是“自由地说”，洋洋洒洒，我行我素，说他个痛快。	在“谨慎地写”，规规矩矩，小心翼翼，一步一回头。
“自由”到缺乏基本的形式规矩。	“规矩”到给内容表达戴上了镣铐。

第三步：阐释与反思

（1）文化对语篇的影响

将语篇的话语方式、话语基调和话语范围综合在一起，便能揭示出作者所在的“情景语境”（context of situation），即社会生活中实际运用语言的情况。

奥斯瓦尔多：在美国生活了三年，口语已相当流利。写作时正面临毕业的关键时刻，而直接读者M女士持有对此篇作文及整门课程成绩的评判权。

M女士在教育思想上倾向于“差异模式”而非“优劣模式”，她认为不同文化背景的人具有不同的阅读和写作能力（literacies），不应将一种文化的模式强加给另一种文化。因此，她对少数族裔学生相当同情，在行使“守门者”职责时也相当宽容。在为语言教师所开设的“Literacies’”硕士课程中，她明确阐述了自己的这一观点。

还是中学生的奥斯瓦尔多可能并不清楚M女士深奥的教育理论，但他凭经验和直觉意识到，这位“守门者”是个“善解人意”的“好人”。“闯关者”奥斯瓦尔多做出了种种与“守关者”M女士“套近乎”的努力。为博得她的好感——情感上的共鸣和理智上的信任，他调动了各种人际交往技巧，包括竭力称赞对方、主动暴露个人生活经历、展示个人长处等。

结果，M女士果然“善解人意”，她认真领会了作文的内容，放过了文中大量的形式错误，让奥斯瓦尔多顺利地过了关。

周某：他是20世纪70年代后期北京的中学生，在这一时期开始学习英语，接受了以“语法翻译法”为基调的“正统”英语教育，却缺乏口语交际的机会。他一向对老师毕恭毕敬，对同学团结友爱，但并不太自信。移民美国三个月后，他在人际交往方面仍处于相当初级的探索阶段。本篇作文中，他的自我形象便是按自己心目中学校对学生的期待模式去建构的。

在充分承认个体差异的前提下，仍不难看出两篇作文各自所带的母语文化基因。

在“谨慎地写”的话语背后，是历史悠久、以“可视性”语言为基础的语文教育传统，这一传统强调记忆的重要性。其外语教育还特别注重语法的正确性，语法翻译法被广泛采用。社会关系结构注重权力的有序性，“师道尊严”虽曾遭批判，但传统上仍在师生间保持一定的权力距离；情感的表达讲求含蓄、深沉，在学校教育等公开、正式的场合，个人情感的暴露不合常规。在这一文化环境中，个人是集体中的一员，群体成员须尽力创造和谐、礼貌的关系，为群体目标贡献个人力量。

在“自由地说”的话语背后，是以拼音语言为基础、重视口头表达能力和人际交往热情的文化传统。在这样的外语教育中，口语的流利性和表达能力往往先于语法形式的正确性，个人情感和思想的充分表达、人与人之间正面情感的直接交流受到鼓励，并可以使用语言、非语言的各种交际手段。与事业或学业的成功相比，建立亲密的人际关系同样重要，甚至更加重要。在师生关系中，基于平等地位的“同等关系”（solidarity）会大大缩短“权力”（power）距离。在这一文化环境中，人与人之间有着频繁的交流，个人内心的表达是建立人际关系的一种手段，而建立人际关系的能力也是个人能力的重要标志。

（2）语篇的文化结果

受到情景语境和文化语境制约的语篇，又会反过来定义作者所处的社会现实。

奥斯瓦尔多：他幸运地获得了中学毕业证书，不久便在旅游业找到了一份工作。据M女士讲，他生活得还不错。不过，当他继续向社会阶梯的高处攀登时，好运能否长久？在这条道路上，有太多的“关”要闯，有太多的“守关者”要对付，而这些“守关者”大概不会都像M女士那样“善解人意”。在现实的社会文化环境中，他不一定是“自由”的。

周某：他已经通过了一系列学业考试，但在适应新环境方面却仍感到困难。谈到自己在美国的大学生活时，他说最大的问题是“课堂讨论时不知该说什么，日常生活中不知该跟同学交流什么”。他虽然顺利获得了所在美国学校的大专文凭，但毕业四年之后，他仍然在费力地寻找工作。

（3）语篇的文化解释

语篇的意义是由带有特定文化背景的人来阐释的。作为文化的产物，教师对于语篇的理解自然会带有特定的文化视角。

M女士：她没有足够的帮助学生发展用以应付未来生活的实用技能，但她能够超越自己身为白人中产阶级的局限，将奥文当成与美国主流文化语篇“不同”的语篇予以尊重，值得赞赏。

参与培训的一组北京大学英语教师：对奥文中“糟糕的语法”感到惊讶得难以接受。他们阅读后的第一反应是，作者“肯定通过不了英语二级考试”。这组外语教师中的78%（29/37）推测，与奥斯瓦尔多相比，周某有更好的机会在美国找到工作，因为他“头脑清楚”。他们还认为，奥文“完全没有组织结构”，作者在“无目的地乱讲”（rambling），“发出一些没有意义的声音”（gibberish），他的作文大概是“意识流”的产物，或者“根本不是作文”。对于中国学生周某内容方面的苍白以及现实中所面临的问题，这些外语教师在深入思考前却难以觉察。

（4）教育应用意义

研究者认为，此项研究对于教育的应用意义有以下三点：

• 深刻认识文化差异对语篇造成的影响，对学生语篇中表现出的差异持理解和宽容的态度。

• 对语篇所造成的文化后果保持清醒、现实的意识；教懂、教会学生那些有实用价值的语篇的类型和特点。

• 将全面、综合的交际能力作为教学目标，使学生在说与写、交际的流利性与语法的正确性方面达到平衡。

在理想的情况下，教师应帮助学生做到“从心所欲不逾矩”，在“说”和“写”两方面都成为真正的“自由人”。

虽然高一虹（2000）的这项研究以英语为研究对象，但许多以汉语为剖析对象的语篇分析研究早已经证明了系统功能语法的普遍适用性。鉴于中国文化语言学目前在分析工具上的匮乏，系统功能语法一定能在未来的研究中展现出巨大的价值。

当然，除了会话分析与系统功能语法之外，其他的语篇分析理论与工具也都可以尝试。中国文化语言学之前一直比较重视方法论的研究，却忽略了对语言分析工具的开发与应用。这不能不说是一种遗憾，希望今后的研究可以弥补这种遗憾，使中国文化语言学得到更好的传承与发展。

至于分析“文化”的工具，可以直接使用谢里夫的“文化概念化”，它是谢里夫对“文化图式”（cultural schema）、“文化范畴”（cultural category）和“文化隐喻”（cultural metaphor）的统称。文化概念化本身就是被设计用来分析“文化”的。在本章第一节中，通过对众多研究方法的解读，已经可以看出它在分析文化方面具有良好的适用性和有效性，这里不再赘述。

3. 提升对研究方法的重视程度

如前文所述，通过对中国知网上一些高质量论文的阅读与研判，我们发现不少中国文化语言学的研究者不太重视研究方法，许多文章并未直接说明使用了何种方法，也未介绍研究过程，而且也较少见到对某种研究方法的引用。

这一现象会产生两种直接危害：一是影响研究结果的信度；二是不利于中国文化语言学研究的推广与传播。为中国文化语言学的未来计，本学科今后的研究应关注以下三点：（1）直接说明自己的研究使用了何种研究方法；（2）细致说明研究过程；（3）既要有对语言的分析，也要有对文化的分析。只有每一位研究者都重视研究方法，才会有更多的后来者加入到中国文化语言学的研究队伍之中，才能将这门学科发扬光大。

第三节　多语文化教育理论与实践应用综述

“在外语教学的实践历史上，在一般情况下，语言教学都没有离开过文化因素的教学，也不可能完全离开。……这是因为：语言是文化的载体；……民族语言载民族文化之‘道’，二者在现实生活中紧密相依，达到了‘水乳交融’的程度，难以绝对地、机械地、人为地分开。”（俞约法，1996）即使在文化语言学成为一门学科之前，将文化因素纳入外语教学实践实际上已是一种学科惯常做法，只是那时还没有从理论上明确提出而已。例如，各国最早的外语教学通常都是“以古典文学作品作为基本教材”的，而文学作品是一种高级的“精神文化”，因此以古典文学名著名篇为教材的外语教学，既能教授学生外国语言知识，同时也能让学生习得外国文化中的各种因素。现代外语教学中还收录了现代和当代文学作品，有的增设了所学语言国家的报刊选读课，课程内容中包含“国情”与“语言国情”信息。以这些满载所学语言国家文化因素的“课文”为教材，学生在自觉地学习语言的同时，也在无意识中习得了这些文化因素。（俞约法，1996）

总之，在文化语言学学科建立之前，将文化因素融入外语教学是一种无意识行为，但也是一种惯常做法；在文化语言学学科建立之后，将文化因素融入外语教学就有了理论上的指导，只是要先解决如何将理论与实践相结合的问题。俞约法（1995）就提出了文化语言学与外语教学相结合时需要解决的两个基本问题：（1）教什么？（2）怎样教？但遗憾的是，到目前为止，这两个问题仍未得到很好的解答。

国外的文化语言学研究中有相当大一部分都与语言教学相关，或直接以有利于语言教学为研究目的。本章第一节介绍的“概念联想分析法”“故事回想之概念分析法”及“民族志概念文本 / 视觉资料分析法”中给出的案例，实际上都属于文化语言学与语言教学相结合的研究。

国内也有不少研究者关注到了文化语言学与语言教学的结合。一些学者很早就提出了将文化语言学与语言教学相结合的主张（俞约法，1995，1996），还有学者关注到了对外汉语中的文化知识教学（张英，2006），另一些学者探索了文化语言学在日语教学（胡振平，1998；王铁桥、张文静，1998）、俄语教学（刘宏，2002；赵爱国，2002）及英语教学（王嵘，2008）中的应用。但以汉语或我国少数民族语言为载体的文化语言学教学研究则较为少见。高一虹（2000）《语言文化差异的认识与超越》第五章研究了课堂上的体态语文化差异。这一研究对比了中外课堂上的体态语文化，探讨了“榧子法”在中外课堂上的不同效果，极具特色和参考价值。下面就以这一研究为例，解读相关研究方法。

在解读研究方法之前，有必要先了解一下这一研究中的两个关键词。关键词之一是“体态语”（body language），又称肢体语言，人们用来同外界交流感情的身体动作、姿势、手势、目光交流、面部表情等都属于体态语的范畴。表达情感和想法不仅需要语言，还在很大程度上需要依赖包括体态语在内的非语言方式。关键词之二是“榧子法（Voice，Snap，Point，Look）”，它是由美国语言教学专家拉西亚斯（John Rassias）提出的。它尝试以手势代表语言的课堂练习规则，以达到吸引学生注意力、加快练习节奏的效果。在使用这种教学方法时，教师边打“榧子”（即用拇指和中指相捻而发声的手技动作）边说出操练内容，紧接着手指甲生、目视乙生，并在甲生开始口头操练时将目光转向他。

体态语的文化差异在语言教学中的应用研究

第一步：对比法

（1）目光接触和面部表情对比

①目光接触对比

英语国家：目光交流时间长，频率高。教师认为，如果学生不能专注地看着老师，就说明学生不专注或不老实。

中国：目光交流时间短，频率低。亚洲、拉丁美洲等文化常用“低眉顺眼”来表示恭敬、礼貌、羞怯与惭愧。

②面部表情对比

英语国家：人们在交流过程中面部表情比较明显，同时期待对方也用明显的面部表情给予反馈。

中国：人们在交流过程中面部表情不明显，给予的反馈也比较少。

（2）姿势与动作对比

①姿势对比

英语国家：教师半边身子坐在课桌上，给人以随便、非正式的印象。一些中国教师认为这种姿势不得体，有损教师形象。

中国：教师手撑讲台，笔直站立，塑造一种正式、威严的“传道者”形象。一些西方国家认为这种姿势过于死板。

②要求发言情况对比

在许多文化中，举手都是要求发言的动作。不过，有的国家的学生是举起整个手臂，有的是举起两个手指，也有只举一个手指的。而在一些“内向”的文化中，学生通过目光接触来表达要求发言的意愿，当他们由“低眉顺眼”改为抬头注视教师时，就是在用眼睛说“我想发言”。

（3）体距与体触对比

交际双方的物理距离是心理距离的体现。人类学家霍尔（Edward Hall）将交际者之间的距离由近及远分为四种：①亲密距离，适用于夫妻、情人、孩子和父母之间；②个人距离，适用于朋友、熟人和亲戚之间；③社交距离，适用于办公、社交聚会等场合；④公众距离，适用于各种公共场合。每类距离的具体范围根据文化的体触意向强弱而定。（Hall，1966）

拉美：在一些体触意向较强的文化中，师生之间相互击掌、拥抱、亲吻面颊等行为很常见。这在美国属于亲密距离（Curt，1976）。

中国：课堂上师生距离较远，属于“公众距离”范畴。

（4）副语言对比

副语言又称伴随语言（paralanguage），指伴随言语的声音现象，如音速、音量、音质、清晰度、声音的修饰、分隔、停顿和失误等。

英语国家：打喷嚏时“生怕没人注意”，打之前要讲“Excuse me”，听见别人打喷嚏的人要讲“(God) bless you”。

中国：汉语是一种“叫喊式语言”（loud language），讲汉语的人说话声音特别大。如果在课堂上打喷嚏，通常不会引起别人的注意，中国教师和学生一般也不会说什么。

（5）沉默对比

英语国家：学生在教师提问时一定会做出回答，在报告人做完报告后也会进行提问。

中国：学生经常以沉默应对教师的提问，在报告人做完报告后并不提问。

（6）装束对比

一个人的装束传达的信息很多，既是职业、个性的体现，也包括当事人对特定情境和交际双方关系的理解。

在不同国家和地区的学校里，着装要求（dress code）可能不同，或者规则的强弱、有无不同。在某个地方被认为是“得体”的装束，在另一个地方可能会被认为不得体。此外，具有不同个性、对自我形象和课堂情境有不同理解的教师，也会有各自独特的选择。

（7）座位安排对比

课堂座位的安排体现了师生间的“权力距离”及信息流动的方向。例如，高高的讲台体现出教师高高在上的地位；固定在地板上的、“排排坐”式的座位限制了学生之间相互交流的可能。

中国：往往采用传统式讲台和座位布置（见图5-7）。这种布置有利于教师掌控课堂，师生间的权力差距可能性最大，学生之间的交流可能性最小。

图 5–7　传统式座位安排

英语国家：更多地采用马蹄式（图 5-8）和模块式（图 5-9）。这些国家的师生通常认为中国课堂的座位排列过于单调、死板（胡文仲，1995：315—316）。马蹄式同时有助于师生之间和学生之间的交流，模块式则给予学生之间的交流以最大的自由。

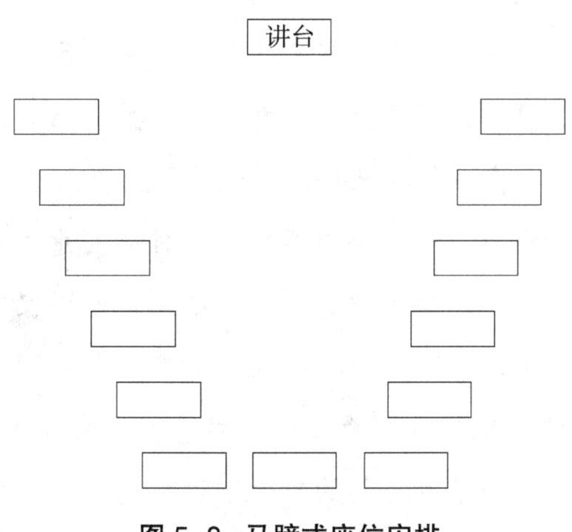

图 5–8　马蹄式座位安排

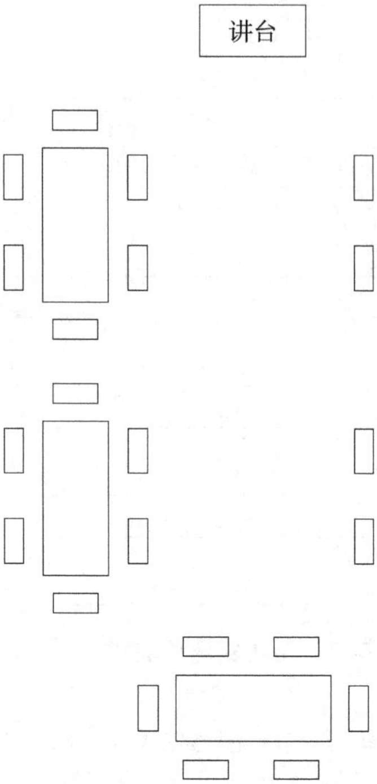

讲台

图 5–9 模块式座位安排

（8）教具与教材的使用对比

教鞭有“聚焦”的作用，与它相连的一般是单向的从教师到学生的信息传递。此外，教鞭还为教师塑造了权威的形象。更加现代化的光电棒以及一些计算机软件的演示设计，用亮点代替教鞭头，具有相同的聚焦和单向信息传递作用，却没有那么直观的权威形象塑造作用。

一本只有文字的课本，往往要求学生有较强的注意力和思考能力；而如果课本中穿插图画、照片或配有录音等，其结果可能不仅仅是增加了感官刺激，而且打破或削弱了以教师为中心的课堂交流模式。

挂图、实物、计算机软件等教具的使用，可能有助于某类信息的传达，塑造某种人际关系。借助某种教具的教学方法或技巧，也有其相应的价值观念。以外语教学中的“沉默法”（silent way）为例，这种方法用颜色和长度不同的小棒表示不同的教学内容（如时态、人称），教师用小棒和墙表（贴在墙上的表格）代替语言，帮助学生练习说话，其意图是淡化教师的语言作用，调动学生的主动性。

每一种教学方法，包括它对各种非语言形式及实物、环境的利用，实际上都预设了某种师生关系，以及某种对“学习”的理解。而这种预设在很大程度上带有特定的文化色彩，如果这种文化预设与接受者的期待不符，便会出现误解或冲突。

第二步：对自身经历的剖析

（1）“榧子法”引起的争论

研究者在参加一项教师培训时学习到一种在教学中使用的“榧子法”。榧子法在美国课堂上颇受学生青睐。

后来研究者在自己的课堂上尝试使用这种技巧。但由于打榧子的动作总使研究者觉得自己像不三不四的街头青年，因此以铅笔轻敲桌面代替。

连续实验数周之后，研究者通过调查问卷收集学生的意见，结果表明，这种技巧总体而言受到了多数学生的欢迎，但对于改头换面的“榧子法”，有半数学生持否定态度。他们感到教师突然的目光移动造成了高度的心理紧张，而且教师用手指来指去的动作伤害了他们的自尊。还有一个学生这样写道：“老师用手一指，动作突兀，让人猛然一惊，而且里面包含着一些强暴的成分（你死死盯着前面惊惶不定的12个人，感觉你眼睛胀裂，流出鲜血。然后你的手指闪电一样专横地指向一个卑鄙的门徒，你说，就是他，犹大……），没有声音、干脆利落、程式化。”

同样的方法为什么在中美课堂上得到了不同的反馈？这种情况引起了研究者的反思。出现“东施效颦”效果的原因是什么呢？这是由教师的文化背景差异导致的吗？如果把可能引起学生反感的体态语推向极限，又会产生什么效果？为了进一步探索，研究者又在三年级的应用语言学课上示范了原样的“榧子法”，并表演了其他几个技巧，包括拥抱、亲吻、装哭、下跪等动作。对于这些技巧中的体态语，全班23名学生的看法如表5-13所示：

表5–13 学生对教师体态语的看法

体态语	可取	不可取
打榧子、手指学生	54.0%	41.6%
拥抱、亲吻、下跪	12.5%	71.0%

对于“榧子法”中的手势，超过40%的学生持否定态度，而亲吻、下跪等动作更是遭到了超过70%的学生的反对。在随后的讨论中，一些学生说，教师是中国人，又是在中国教书，应遵循中国的文化规范。教师在学生面前下跪或亲吻学生，很可能把学生吓跑。也有少数学生说，教师教的是外语，就应该在教态中体现外国文化，开放和夸张的动作可以活跃课堂气氛，缩短师生间的心理距离，因此无可厚非。还有一位学生说，亲吻是可取的，因为它象征师生间的亲密无间；而下跪则绝对不行，因为它破坏了教师的尊严。

（2）对争论的解释

对于体态语引起的争论，研究者做出了以下阐释：

①文化不同，体态语的意义不同

英语文化：打榧子（snap）要表达的意思是“快、干脆”。“榧子法”教学技巧的意图是借打榧子这一体态语，加快课堂口语练习，特别是大班口语练习的速度，营造出一种紧张的氛围。

中国文化：打榧子被街头游荡的青年用于“哥儿们”之间时，可能表达一种强悍的、说干就干的个人魅力和行事风格；但在“阳春白雪”的文化中常被视为一种不雅的行为，对女性来说尤其如此。

②文化不同，体态语的使用频率不同

英语文化：打榧子的使用频率较高，其语言形式“snap、snappy”等的出现频率也较高。

中国文化：打榧子不是常用体态语。

③文化不同，体态语的使用范围和场合不同

英语文化：打榧子的使用范围比较广，禁忌范围不明确。

中国文化：特别在改革开放前的传统文化中，打榧子的使用范围较多地局限于“不务正业”的男性青年，使用场合属于非正式。近年来虽然也常见于一些娱乐场合，但在正式的、学术的场合仍忌讳使用。

④文化不同，对体态语的宽容度不同

美国文化：研究者曾将自己对“榧子法”等体态语的解释意见投稿给一家美国教学刊物，得到了编者这样一条按语：“根据我们的观察和经验，这些行为在美国和其他国家的语言教师中并不普遍。”引起争论的可能并不是文化规范本身，而是文化对“规范”的宽容度。总体来说，美国文化的“个人主义”程度很高，对“个体差异”的宽容度大于中国社会，因此不同于他人的体态语也不会引起大惊小怪。

中国文化：体态语的使用有许多并不成文但比较严格且明确的规则，违反规则的行为会被认为是出格的、古怪的、不合适的。

⑤文化不同，师生之间的“权力距离”不同

体态是一种可观察的外部行为，是行为方式的一部分。外部的行为方式往往与内心的价值系统分不开。因此，体态语使用方面的不同可能仅仅是一座冰山露出水面的部分，下面还隐藏着很深的价值观念基础。在“榧子法”的冲突中，一个关键问题便是师生间的“权力距离”。

根据社会心理学理论，权力有五种类型：奖惩权（reward power）、强迫权（coercive power）、专家权（expert power）、参照（榜样）权（referent power）、合法合理权（legitimate power）。

在中美两种文化中，教师对学生的奖惩权、强迫权和专家权大致相当，也就是说，教师能对学生直接做哪些事情，大体是一样的。

美国文化：教师的职责是帮助学生实现自我，是学生的协助者（facilitator）。

中国文化：教师享有更多的参照（榜样）权与合法合理权，具有更鲜明的榜样和权威形象。中国文化强调教师“传道、授业、解惑”的责任，教师是信仰和知识的化身，也是权力的化身。教师作为“道”的化身，其权威是不可撼动的——至少在传统文化中是这样。

在研究者的教学尝试中，教师与学生的观念之间产生了矛盾：教师以迅速移动的目光向学生传达出对他们参与练习的迫切期待，而学生从教师那里感受到的却是暴君式的权威。

第三步：反思归纳

中国的外语教师应该依附于何种文化？研究者通过反思“框子法”所带来的争议，开始意识到这样一些问题：

① 研究者是谁？

② 研究者归属于哪种文化？

③ 研究者与学生之间为什么会发生误解？

对这几个问题的解答如下：

研究者认同自己的中国文化归属，以一名中国教师的身份教授在中国土生土长的学生。

但研究者又是英语教师，教授英语，以英语为教学语言；且研究者在英美文化环境中接受了数年教育，有意无意地接受了一些西方的文化观念，包括教师与学生之间较为平等的、非正式的关系和双向的师生交流课堂模式。

研究者意识到这样一个文化依附矛盾，即中国的教师教授代表西方文化的语言时，这名教师究竟是应该依附中国文化还是依附西方文化？

需要更进一步研究的问题是：带有鲜明文化特征的非语言交际，如何能更有效地传达信息？如何用它来帮助判断自己的文化归属？

从国外文化语言学的研究经验来看，即使说同一种语言的人也可能属于不同的文化（参考本章第一节的“事件与故事图式分析法”），而不同的文化可能会影响学习或教学效果。那么，不仅外语教学需要文化语言学的指引，在民族地区教授汉语同样也需要。然而，目前中国文化语言学与教学相结合的研究仍较少，关注民族地区汉语教学的研究更是凤毛麟角。可以说，多语文化教育在理论与实践上仍有广阔天地，未来大有可为。

参考文献

陈嘉映（2003）《语言哲学》，北京：北京大学出版社。

陈建民（1987）文化语言学说略，《语文导报》第6期。

戴庆厦主编（1992）《汉语与少数民族语言关系概论》，北京：中央民族学院出版社。

戴昭铭（1996）《文化语言学导论》，北京：语文出版社。

丁金国（1996）汉英对比研究中的理论原则，《外语教学与研究》第3期。

董　黎编译（1992）《英语幽默集萃》，北京：外语教学与研究出版社。

杜金榜主编（2013）《语篇分析教程》，武汉：武汉大学出版社。

冯　军（2015）帕尔默"文化语言学"及其发展评述，《绥化学院学报》第8期。

高一虹（2000）《语言文化差异的认识与超越》，北京：外语教学与研究出版社。

桂灿昆（1985）《美国英语应用语音学》，上海：上海外语教育出版社。

韩礼德（2000）《功能语法导论》，胡壮麟导读，北京：外语教学与研究出版社。

何善芬（1985）《实用英语语音学》，北京：北京师范大学出版社。

何善芬（2002）《英汉语言对比研究》，上海：上海外语教育出版社。

洪堡特（1999）《论人类语言结构的差异及其对人类精神发展的影响》，姚小平译，北京：商务印书馆。

洪堡特（2001）《洪堡特语言哲学文集》，姚小平编译，长沙：湖南教育出版社。

洪堡特（2020）《论语言》，邱东林导读、注释，上海：上海译文出版社。

胡文仲主编（1995）《英美文化辞典》，北京：外语教学与研究出版社。

胡文仲（1999）《跨文化交际学概论》，北京：外语教学与研究出版社。

胡振平（1998）文化语言学与日语教学研究，《日语学习与研究》第 1 期。

胡壮麟（2021）浅析“语音隐喻”的有关特性，《中国外语》第 4 期。

蒋德诚（2014）《英汉词汇对比研究》，南京：东南大学出版社。

黎进安、张怀建主编（2002）《新世纪大学英语语法》（下），广州：华南理工大学出版社。

李　弘（2005）语音隐喻初探，《四川外语学院学报》第 3 期。

李红梅、张　鸾、马秋凤（2016）《高校英语词汇教学与习得研究》，武汉：武汉大学出版社。

李晓婕（2020）《英汉对比与英语写作研究》，长春：吉林出版集团股份有限公司。

李佐文、郑朝红（2005）《语言与文化》，保定：河北大学出版社。

连淑能（1993）《英汉对比研究》，北京：高等教育出版社。

林承璋、刘世平（2005）《英语词汇学引论》（第 3 版），武汉：武汉大学出版社。

刘凤贤（2015）从语音层面看跨域喻指的隐喻现象，《辽东学院学报（社会科学版）》第 4 期。

刘　宏（2002）论俄语语言文化教学的研究趋势，《外语与外语教学》第 4 期 .

刘　蓉（2009）从英汉民族思维差异看英汉语序，《读与写（教育教学刊）》第 5 期。

陆国强（1999）《现代英语词汇学》，上海：上海外语教育出版社。

吕光旦（1990）《英语幽默：理解与欣赏》，上海：上海外语教育出版社。

罗常培（2004）《语言与文化》，北京：北京出版社。

罗常培、王　钧（1957）《普通语音学纲要》，北京：科学出版社。

骆小所主编（1999）《现代汉语引论》，昆明：云南人民出版社。

马林诺斯基（1999）《科学的文化理论》，黄建波等译，北京：中央民族大学出版社。

毛浩然、徐赳赳、娄开阳（2018）话语研究的方法论和研究方法，《当代语言学》第2期。

冒国安主编（2015）《实用英汉对比教程》（第3版），重庆：重庆大学出版社。

潘文国（1997）《汉英语对比纲要》，北京：北京语言文化大学出版社。

齐 朗、张玉凤（2009）从习语翻译看中美的民族性格差异，《黑龙江科技信息》第26期。

钱叶萍、李 维（2013）英汉语音的类型学比较，《北京第二外国语学院学报》第4期。

萨丕尔（2002）《语言论——言语研究导论》，陆卓元译，陆志韦校订，北京：商务印书馆。

申小龙（1988）论汉语的文化性征与文化语言学方法，《汉语学习》第2期。

申小龙（1990）《中国文化语言学》，长春：吉林教育出版社。

石 兰（2021）民俗文化中的语音隐喻，《海外英语》第15期。

史有为（1992）汉语文化语音学虚实谈，《世界汉语教学》第4期。

宋颖桃（2008）从汉语语序看汉民族的思维特点与文化心理，《现代语文（语言研究版）》第9期。

宋永培、端木黎明（1993）《中国文化语言学辞典》，成都：四川人民出版社。

苏新春（2006）《文化语言学教程》，北京：外语教学与研究出版社。

王 嵘（2008）英语教学中借助课外任务导入文化因素的探索，《教学与管理》第36期。

王铁桥、张文静（1998）文化语言学在日语教学中的应用，《外语研究》第3期。

王 巍（2005）英语音段音位的文体功能，《九江学院学报（哲学社会科学版）》第3期。

王文斌（2019）《论英汉的时空性差异》，北京：外语教学与研究出版社。

魏志成（2003）《英汉语比较导论》，上海：上海外语教育出版社。

吴海松（2020）中西文化语言学的渊源和语言观比较分析，《青年文学家》第 29 期。

武　丹（2018）谈汉语语音对文化的影响，《佳木斯职业学院学报》第 10 期。

萧国政（1991）文化语言学的方法，《华中师范大学学报（哲学社会科学版）》第 1 期。

萧国政（1999）文化对语法的影响，《黄冈职业技术学院学报》第 2 期。

邢福义主编（1990）《文化语言学》，武汉：湖北教育出版社。

徐通锵（1997）《语言论——语义型语言的结构原理和研究方法》，长春：东北师范大学出版社。

闫传海、张梅娟（2008）《英汉词汇文化对比研究》，西安：西安交通大学出版社。

杨元刚（2008）《英汉词语文化语义对比研究》，武汉：武汉大学出版社。

游汝杰（1993）《中国文化语言学引论》，北京：高等教育出版社。

俞约法（1995）从文化因素的教学文化语言学，《外语与外语教学》第 1 期。

俞约法（1996）有关文化因素教学和相应学科建设的几点思考，《外语学刊（黑龙江大学学报校庆专号）》第 4 期。

袁　利（2008）英语语音的文化内涵探究，《西华大学学报（哲学社会科学版）》第 6 期 。

张岱年、方克立主编（1994）《中国文化概论》，北京：北京师范大学出版社。

张公瑾、丁石庆主编（2004）《文化语言学教程》，北京：教育科学出版社。

张　涛、唐亦娟（2008）《大学英语实用语法教程》，西安：西安地图出版社。

张　英（2006）对外汉语文化因素与文化知识教学研究，《汉语学习》第 6 期。

赵爱国（2002）当前俄语语言与文化学科建设的几个理论问题，《外语与外语教学》第 6 期。

赵惠霞、周　憬（2011）《语言与文化阐释》，西安：西安出版社。

左　飚（2001）环性与线性：中西文化特性比较，《社会科学》第 12 期。

Ansah, G. N. (2017) Cultural conceptualisations of DEMOCRACY and political discourse practices in Ghana. In F. Sharifian (ed.), *Advances in Cultural Linguistics*, 369-387. Singapore: Springer Nature.

Burridge, K. & Mulder, J. (1998) *English in Australia and New Zealand: An Introduction to Its History, Structure, and Use*. Oxford: Oxford University Press.

Creese, A. (2008) Linguistic ethnography. In K. A. King & N. H. Hornberger (eds.), *Encyclopedia of Language and Education: Research Methods in Language and Education* (2nd Edition), 229-241. New York: Springer.

Curt, C. J. N. (1976) *Non-Verbal Communication in Puerto Rico*. Cambridge: National Assessment and Dissemination Center for Bilingual / Bicultural Education.

Dinh, T. N. (2017) Cultural linguistics and ELT curriculum: The case of English textbooks in Vietnam. In F. Sharifian (ed.), *Advances in Cultural Linguistics*, 721-745. Singapore: Springer Nature.

Geertz, C. (1973) Thick description: Toward an interpretive theory of culture. In C. Geertz (ed.), *The Interpretation of Cultures: Selected Essays*, 3-30. New York: Basic Books.

Hall, E. (1966) *The Hidden Dimension*. New York: Doubleday.

Heath, C. & Luff, P. (1993) Explicating face-to-face interaction. In N. Gilbert (ed.), *Researching Social Life*, 306-326. London: Sage.

Jensen, K. E. (2017) Corpora and cultural cognition: How corpus-linguistic methodology can contribute to cultural linguistics. In F. Sharifian (ed.), *Advances in Cultural Linguistics*, 477-505. Singapore: Springer Nature.

Johns, A. M. & Mayes, P. (1990) An analysis of summary protocols of university ESL students. *Applied Linguistics*, 11(3): 253-271.

Johnson, M. (1987) *The Body in the Mind: The Bodily Basis of Meaning, Imagination, and Reason*. Chicago: The University of Chicago Press.

Kachru, Y. (1983) Cross-cultural texts and interpretation. *Studies in the Linguistic Sciences*, 13(2): 57-72.

Lakoff, G. & Johnson, M. (1980) *Metaphors We Live By*. Chicago: The University of Chicago Press.

Malcolm, I. G. & Rochecouste, J. (2000) Event and story schemas in australian aboriginal English discourse. *English World-Wide*, 21(2): 261-289.

Mandler, J. M. (1984) *Stories, Scripts, and Scenes: Aspects of Schema Theory*. Hillsdale, NJ: Lawrence Erlbaum Associates.

McGregor, S. L. T. & Murnane, J. A. (2010) Paradigm, methodology and method: Intellectual integrity in consumer scholarship. *International Journal of Consumer Studies*, 34(4): 419-427.

Palmer, G. B. (1996) *Toward a Theory of Cultural Linguistics*. Austin: University of Texas Press.

Sharifian, F. (2005) Cultural conceptualisations in English words: A study of aboriginal children in Perth. *Language and Education*, 19(1): 74-88.

Sharifian, F. (2015) Cultural linguistics. In F. Sharifian (ed.), *The Routledge Handbook of Language and Culture*, 473-492. London: Routledge.

Sharifian, F. (2017) *Cultural Linguistics*. Amsterdam: John Benjamins.

Sharifian, F., Dirven, R., Yu, N. & Niemeier, S. (2008) *Culture, Body, and Language: Conceptualizations of Internal Body Organs Across Cultures and Languages*. New York: Mouton de Gruyter.

Sharifian, F. & Jamarani, M. (2011) Cultural schemas in intercultural communication: A study of the Persian cultural schema of sharmandegi 'being ashamed'. *Intercultural Pragmatics*, 8(2): 227-251.

Sharifian, F., Rochecouste, J. & Malcolm, I. G. (2004) 'But it was all a bit confusing …': Comprehending aboriginal English texts. *Language, Culture and Curriculum*, 17(3): 203-228.

Sharifian, F. & Tayebi, T. (2017a) Perception of (im)politeness and the underlying cultural conceptualisations: A study of Persian. *Pragmatics and Society*, 8(2): 231-253.

Sharifian, F. & Tayebi, T. (2017b) Perceptions of impoliteness from a cultural linguistics perspective. In F. Sharifian (ed.), *Advances in Cultural Linguistics*, 389-409. Singapore: Springer Nature.

Siahaan, P. (2008) Did he break your heart or your liver? A contrastive study on metaphorical concepts from the source domain ORGAN in English and in Indonesian. In F. Sharifian, R. Dirven, N. Yu & S. Niemeier (eds.), *Culture, Body, and Language: Conceptualizations of Internal Body Organs Across Cultures and Languages*, 45-74. New York: Mouton de Gruyter.

Yu, N. (2009a) *From Body to Meaning in Culture*. Amsterdam: John Benjamins.

Yu, N. (2009b) *The Chinese HEART in a Cognitive Perspective: Culture, Body, and Language*. New York: Mouton de Gruyter.